浦东社会发展追记

张学兵 著

华东师范大学出版社
上海

图书在版编目（CIP）数据

浦东社会发展追记/张学兵著. —上海：华东师范大学出版社，2022
ISBN 978-7-5760-2380-0

Ⅰ.①浦… Ⅱ.①张… Ⅲ.①社会发展－概况－浦东新区 Ⅳ.①D675.13

中国版本图书馆 CIP 数据核字（2022）第 042568 号

浦东社会发展追记

著　　者　张学兵
策划编辑　王　海
责任编辑　阮光页
审读编辑　沈　苏
责任校对　时东明
装帧设计　人马艺术设计·储平

出版发行　华东师范大学出版社
社　　址　上海市中山北路 3663 号
邮　　编　200062
客服电话　021-62865537
网　　店　http://hdsdcbs.tmall.com

印　刷　者　上海中华商务联合印刷有限公司
开　　本　890×1240　32 开
印　　张　11.5
字　　数　189 千字
版　　次　2022 年 6 月第一版
印　　次　2022 年 6 月第一次
书　　号　ISBN 978-7-5760-2380-0
定　　价　68.00 元

出版人　王　焰

（如发现本版图书有印订质量问题，请寄回本社客服中心调换或电话 021-62865537 联系）

序

浦东开发开放是我国改革开放历史上一部华丽的篇章，对浦东三十年的沧桑巨变，社会上曾有过很多报道和描述，而放在我眼前的这本书有点特别，它将视野放在了浦东开发三十年的社会变迁和社会发展上，以社会学的眼光去看改革开放给浦东这块土地上带来的变化，从社会学的角度去看浦东改革开放的时代意义，给世人了解浦东、读懂浦东提供了一个新的视角，这或许能使读者引发出一些有关浦东的新的思考。有鉴于此，我答应了作者为之作序。

浦东新区作为上海市的一个行政区，是1993年1月1日正式成立的。本着改革创新的精神，浦东建立机构时认定要精兵简政，而在做法上必须是先"简政"，才能"精兵"。由此，浦东新区在建制上只规划建立十个局级机构，共八百人，机构和人员大约是其他区的一半多（但是，由于上下以及横向机构没有同样的"简政"改革,加之新区所辖面积加倍扩大,浦东的局级机构在后来的年月里还是逐步膨胀了)。当时的浦东社会发展局是全国独一无二的一个行政局,这个局几乎囊括了政府管理社会事业的所有职能,包括了教育、卫生、食品药品监督、文化、体育、民政等等。大家对这个局抱有很大的兴趣,不知道这个局在浦东开发的大舞台上将有什么样的地位和作为,大家对这个局领导班子的年轻程度也颇感意外。本书作者是当年浦东新区管委会第一任社会发展局局长,当年他三十七岁,而班子成员平均年龄竟然在四十岁以下。同时,这个局下属单位的数量为新区之最,比起其他局来人员最多,且多数有教师和医生出身的背景,在当时算是受教育程度较高的群体了。

由当年领导过浦东社会发展局的同志来写浦东起步时的社会发展是件有意义的事情。在社会发展局工作必须深知社会发展对一个地区的经济开发和人的全面发展所特有的重要性;因为是曾经的过来人,会记得很多故事和其中的体验,趁着人还"老当益壮",没有太多的遗忘,将这些最初的"幼稚"和后来的"成熟"记录下来,对读者来说,是很有意义的一件事。

新区党工委和管委会成立之初,新区的领导班子积极按照中央和上海市委的要求,参照深圳特区等先行地区的经验以及上海市在多年前就已经开始研讨和储备的浦东开发开放战略思想,进行了细致的实施路径的思考和研究。实施这一路径在以后多年的实践中取得了大家的共识,遂形成了浦东开发的思想成果,比起能用数字描述的"硬成果"来,我们将其称之为"软成果"。诸如,站在地球仪旁思考浦东开发;浦东开发不仅是项目开发、经济开发,更是社会开发——即争取社会的全面进步;以一流的党建带动一流的开发;把勤政廉政视为重要的投资环境;功能规划领先于形态规划;土地开发要"惜土如金"等等。明眼人不难看出,这些有关开发战略的思考是多维度的,不是只有经济维度。

本书的取名落在了追记上,是因为作者基本上以纪实的方式在写。既然是追记,也就不可能面面俱到。书中有很多地方采取了夹叙夹议的记述,这使得本书既有纪实性,又兼具一定的思想性。尤其是书中有不少作者的亲身经历,所以作者能够尽量如实地还原一些当时的场景和细节,在经济与社会发展的关联上表述了他自己的理解。于是,本书就社会发展在经济增长、生态保护、生活环境、人的发展中的作用有了由事及理的描述。由此，或许本书会引起一些社会理论和实践工作者的兴趣，从浦东的社会发展样本中提炼出一些具有中国特色的社会学思想，从而进一步加深对中央提出的社会治理体系和社会治理能力现代化这个要求的认识。

从本书的述说中，我们可以感觉到社会发展是一个多维度的综合体，一定程度上折射出了一个地区的综合实力水平。正如书中所言，浦东三十年的持续健康发展，始终高举改革开放的大旗，在发展的体制机制上不断创新；始终坚持了经济与社会的协调发展，不忘发展的初心，牢记造福百姓的使命；始终坚持推进社会的全面进步，不断改进政府的行政管理方式，促使企业、公民及社会的方方面面都各尽所能，各尽其责，履行好各自的社会义务。

浦东开发开放三十年了，我们不仅要看到浦东硬实力的发展，而且要非常清楚地看到还在进一步发展的浦东软实力。这种可贵的软实力，使得浦东改革的动力始终不减，使得浦东开发行稳致远。

全面描绘一个地区的社会发展状况是有难度的，此书仅是我国社会发展中的一朵来自浦东的浪花，而且浦东的社会发展还处在进行时。如今浦东被中央赋予了打造社会主义现代化建设引领区的使命，我们期待看到更多的多维度描述浦东社会新发展的报告。

赵启正

2021 年 9 月 19 日

目 录

序　赵启正 ... i

引　言 ... 1

第一章　不一般的目标，不一般的开发 ... 5

  第一节　浦东开发要推进社会的全面进步 ... 10
    1. 前所未有的行政局 ... 14
    2. 大拼盘里的养成教育 ... 17
    3. 从摇篮管到坟墓的尴尬 ... 23
    4. 新账不欠，老账逐年还 ... 27
    5. 匆忙中打了一个遭遇战 ... 35
  第二节　用世界眼光为社会事业立言立位 ... 41
    1. 地球仪边的战略思考 ... 41
    2. 浦东呼唤社会学 ... 44

第三节　惜土如金者的社会项目手笔 ... 58
  1. 为了上海市民和几代音乐人的梦想 ... 58
  2. 让医院不出金融圈 ... 64
  3. 浦东最贵的街头绿地 ... 66
  4. 留住历史建筑的"根" ... 67

第二章　跨世纪社会工程：长远布局社会功能的开发 ... 73

第一节　持续追踪社会发展的轨迹 ... 77
第二节　社会功能开发的规划研究 ... 88
第三节　用规划控制土地，落实预算 ... 92

第三章　穿新鞋走新路——社会事业的初期改革 ... 97

第一节　敢于创新的"三件套" ... 100
  1. 基金会 ... 100
  2. 投资经营公司 ... 102
  3. 配置市场 ... 103

第二节　教育事业没有轻车熟路 ... 108
  1. "三名"工程 ... 109
  2. 多模式办学 ... 112
  3. 吸引大学过江 ... 116

第三节 卫生医疗改革有道 ... 120
  1. 建设国家中医药产业基地 ... 120
  2. 多元化办医 ... 124
  3. 硬件即便不硬，软件必须不软 ... 126

第四节 民政事业屡出新招 ... 134
  1. 超前部署无障碍设施 ... 134
  2. 市民热线的先行者 ... 137
  3. 亮人耳目的慈善之行 ... 139
  4. 政府与社团的初次握手和美好合作 ... 144

第五节 从未缺席的文化亮色 ... 155

第四章 政府改革：社会发展的推进器 ... 165

第一节 成为了全国首个综合配套改革试验区 ... 169
第二节 行政、市场、社会再分工 ... 175
  1. 大力培育社会组织 ... 175
  2. 让平民英雄有用武之地 ... 183
  3. 政府不是四面八方 ... 198

第三节 推进政府事务重组，接受社会监督 ... 206
第四节 从善如流，学会倾听 ... 210
第五节 持续提高行政效率 ... 221
第六节 探索合作善治的分级管理社会体制 ... 230

第五章　浦东社会的人文表达 ... 241

　　第一节　张江高科技园区也是人文社区 ... 246
　　　　1. 经济园区也要有烟火气 ... 247
　　　　2. 让科技插上文化的翅膀 ... 250
　　　　3. 社区一家亲，园区同治理 ... 253
　　第二节　金融城的温度 ... 256
　　第三节　国际社区碧云天 ... 262
　　第四节　马路的人文表达 ... 268
　　　　1. 马路不仅是用来开车的 ... 268
　　　　2. 路名也是城市的文化名片 ... 270
　　　　3. 让路边绿地变得可亲近 ... 273
　　第五节　尊重知识，尊重人才 ... 275
　　　　1. 要建设一个最好的区级图书馆 ... 276
　　　　2. 书香弥漫浦东 ... 280
　　　　3. 望江驿——浦东的文化客厅 ... 284
　　　　4. 为各类人才安居乐业铺路 ... 289

第六章　浦东：在全生态和谐的道路上 ... 293

　　第一节　人与自然的和谐 ... 297
　　　　1. 世纪公园的前世今生 ... 297

　　　　2. 当浦东遇到九段沙 ... 303

　第二节　**人与人的和谐** ... 309

　　　　1. 政府网上办公会应运而生 ... 309

　　　　2. 市民中心开张啦 ... 321

　　　　3. 可爱的浦东"洋"居民 ... 327

　第三节　**企业与社会的和谐** ... 335

　　　　1. 建立新型政企关系 ... 335

　　　　2. 企业也是公民 ... 338

　　　　3. 让大家看到企业的社会良心 ... 343

后　记 ... 347

引 言

黄浦江在这里经年流淌，在我的记忆中，她很少有滔天巨浪，而总是显得平静而自然，一切都是那样的顺理成章，不管世界如何多变，她总是默默地流淌，像是在尽她作为母亲河的本分。

浦江是朴实无华的，却也难掩婀娜多姿，陆家嘴、前滩、后滩等都是她的美妙身线。

江的一边叫浦西，一边叫浦东，几经流年，一条江竟然仿佛隔出了两个世纪。这种发展的落差，是否形成了美学意义上的对比美？可以肯定的是，始于1992年的浦东开发开放，无疑使浦江两岸春潮涌动，掀起了上海跨世纪发展的滔天巨浪，给二十一世纪的上海带来了前所未有的发展机会。

黄浦江的市区段，江面不宽。从浦西到浦东，说远不远,说近不近,看着近,又仿佛很远。近,因为在夏天,我的一些儿时伙伴脱了上衣和鞋袜,就剩一条短裤,可以不费力地游过去。远,是因为浦西是高楼大厦的繁华城市,到了对岸却立马可以看到田野和砖瓦矮房的村落。

小时候到浦西对岸的浦东公园去春游,到浦东游泳池去游泳,买了六分钱的轮渡票,轮渡汽笛一响,船驶离码头,望着渐行渐远的外滩高楼,心里竟然会产生离乡背井的别离感。发展的落差和交通的不便,造成了浦东在不少人的心里变成了一个遥远的存在。

上海的历史沿革造成了发展的不平衡,现在的黄浦区、静安区、徐汇区、虹口区的一部分被称为"上只角",而杨浦区、老闸北区等被唤作"下只角"。不管是老上海人还是新上海人,说到两岸的差别少不了来一句"宁要浦西一张床,不要浦东一间房",可见浦东在浦西居民眼里只能算农村,还挤不进"下只角"的序列,因为"下只角"毕竟还是城区。

当然,浦东人也会骄傲地自诩为上海原住民。

浦东开发走过了整整三十年的历程,从农村到城市,从穷乡僻壤到金融中心,其沧桑巨变吸引了世界的目光。然而,这种蜕变绝不是仅仅用一串串描述经济发展的阿拉伯数字、一栋栋高楼、江岸流光溢彩的霓虹灯光所能概括得了的。我们感慨于浦东量的变化，但是又何尝能忽略用人文的眼光和情怀，通过社会的视野，用习近平新时代中国特色社会主义思想，去感受浦东质的飞跃，去巡猎高楼霓虹掩映下的浦东的社会变化，去回眸浦东的历任开发者以高度的思想自觉，去推动浦东社会进步的踏实足迹。

第一章
不一般的目标,
不一般的开发

浦东开发的历史陈列馆前,至今依然耸立着小平同志当年的嘱托:抓紧浦东开发,不要动摇,一直到建成。短短的一句话里,关键词是"抓紧"和"不要动摇"。抓紧,意味着浦东开发开放时间上并不早,甚至于有点晚;不要动摇,意味着浦东开发任重道远,且并不会水到渠成,会碰到一系列的挑战,需要开发者付出艰辛的努力。

1990年4月18日,中央正式宣布开发开放浦东,1990年5月3日,上海市人民政府浦东开发办公室正式挂牌。1993年1月1日,浦东新区管委会正式成立。也就是从那时开始,在浦东人的口中的那个有点"落乡"的浦东,变成了富有诗意的"江之东",而在市领导的眼里,浦东是上海的希望,那边要建设一个"新上海"。[1]

1992年底的一天,刚从日本研修企业管理回来的我,奉组织调令到浦东管委会成立前夜的新区报到。到了浦东大道141号,市委常委、副市长兼新区党工委书记、管委会主任赵启正在他简朴而局促的办公室里,和我作了简短的谈话。一见面他就打趣道:"你是浦东开发的志愿者,你是自己请愿来的,干好了留下,干不好要走人。我这里有欧美学习背景的,对欧美文化熟悉,你从日本回来,算是对东亚文化熟悉。浦东开发要站在地球仪前思考,要有世界眼光,所以要聚天下之才、之智、之财而用之。"他又指着墙上胡问遂老先生的墨迹"惜土如金"条幅说:"浦东现在虽然有五百多平方公里土地,但不能任意挥霍,不能大手大脚批租土地,要精心选择项目,不留历史遗憾。"稍顿又说:"浦东现在就设十个局,纪委、综合规划土地局、经济贸易局、城市建设局、农村发展局、社会发展局、财政税务局、工商局、办公室、组织部劳动人事局。每个局大致八十个人,大部分是浦西过来的,是八百壮士过江。浦东目前工作条件很艰苦,只有局长一人有一张办公桌,你的副局长每人可能暂时只有一个办公抽屉。但面包会有的,牛奶会有的。"随着话音,他脸上出现一丝诙谐的笑容。继而他话锋一转,说道:"浦东的社会事业家底薄,教、卫、文、体、民政等各项事业都是政府职能,事关民生和社会进步、社会稳定和社会发展,都关乎浦东发展的软实力,这些任务不管是艰巨也好,光荣也好,都交给你要去组建的这个局了。现在这一块的家底薄,但不能因陋就简,要坚持高起点,不欠新账,旧债逐步还。你的《从背后看日本》留下来,我抽空看。"末了他不忘强调一句:"浦东的社会发展一定要站在地球仪边思考,要敢于对标国际,和世界对话。"

是的,浦东底子薄,但绝不能因陋就简,目光短浅,一定要始终面向世界,面向未来。我听着,不由在心里泛起唐代诗人王勃在《滕王阁序》里的一句话:"穷且益坚,不坠青云之志。"

浦东开发步履匆匆,没时间清谈,谈话一结束,我走马上任。

第一节

浦东开发要推进社会的全面进步

    1993年1月成立的浦东新区,由川沙县全境加上上海县的三林乡、黄浦区、南市区、杨浦区的浦东部分合并而成,新区首任主管赵启正,有在上海市委、市政府工作的经历和经验,是"文革"前国家培养出来的理工人才,在同事们眼里,他不但有核物理知识背景,而且还有文科生特质的人文情怀。理工科的理性和严谨,文科的开阔思路及联想能力,赋予了他富有个性的领导气质和幽默的带有哲理的语言风格。

    1993年1月1日,是上海市浦东新区党工委、管委会挂牌成立的好日子,上海市委、市政府在浦东大道141号门前举行了一个简短的揭牌仪式。赵启正代表两委作了一个简洁而平实的演说:

    同志们:

        元旦好!今天是1993年1月1日,中共上海市委浦东新区工作委员会和浦东新区管委会同时成立了,这标志着浦东新区的开发开放又翻开了新的一页。

回顾历史,开发浦东曾是几代人的夙愿,但是都未能付诸行动。只有贯彻执行了邓小平同志所创导的建设有中国特色的社会主义理论之后才使开发开放浦东成为现实,浦东大地上才能开始发生历史性的伟大变化。

十四大报告指出,以上海浦东开发开放为龙头,进一步开放长江沿岸城市,尽快把上海建成国际经济、金融、贸易中心之一,带动长江三角洲和整个长江流域地区经济的新飞跃。刚刚闭幕的上海市第六次党代会又以浓重的笔墨描绘了浦东新区光辉的未来和开发浦东的指导方针。

中央宣布开发浦东以来,浦东开发开放已取得了令国内外人们瞩目的成绩。

从今天起,我们两委的全体同志正式挑起了历史的重担。我们将以新的姿态、新的风格投入这项伟大的跨世纪的工程。我们将建立一个精干、高效的工作机构,在工作中群策群力、接受各方面的建议,从善如流;我们既要审慎,又要大胆,不但要勇于改革、善于创新,还要敢于承担责任;我们要积极进取,永远保持朝气和勇气。

我们将以发展中国特色的社会主义市场经济为导向,在浦东新区率先建立社会主义市场活动和公平竞争的规范,率先实现与国际市场全面接轨,率先形成经济良性循环的运行机制,率先形成"小政府、大社会"的管理体制新格局,真正做到新区、新事、新办。我们有信心取得工作成功的理由是:有党中央、国务院的正确政策,有市委、市府的正确领导,有全国、全市人民的热情支持。

让我们在这块充满希望的热土上,共同挥洒汗水,共同创造美好的未来。

演说不长,而"从善如流"、"审慎"、"大胆"、"责任"、"率先"等这些词语,让人印象深刻,而且被以后的实践证明所言不虚。

1993年12月的某一天,赵启正带着黄奇帆、胡炜两位副主任到社会发展局调研,在听了社发局的工作思路后,再一次进行了思想务虚。

他首先高屋建瓴地讲了社会事业对于浦东开发开放的

重要意义，指出经济建设是中心，但目的是社会的全面进步，是造福人民。浦东开发，从根本上说，不仅仅是经济的开发，不仅仅是基础设施和重大工程的建设，而应该是整个社会的开发，浦东开发的成果很大一部分将从社会事业的发展中体现出来。

社会发展局是新区的一个局，要加快社会事业固定资产项目的投资，浦东开发刚开始，资金不多，但除了雪中送炭，做一些填平补齐的项目以外，还是要集中力量，上一些以后一定要做的标志性的文化项目。

社发局还要在加强新区精神文明建设上出力，浦东的社会发展也要做到一年一个样，三年大变样。如执行《关于在浦东新区严格执行方便残疾人使用的城市道路和建筑物设计规范的通知》，建造好残疾人专用厕所，方便残疾人过马路的信号灯等，这些都不是小事，而是体现了社会的精神风貌，这本身就是良好投资环境的有机构成因素。他还特别提出要研究制定精神文明建设的指标体系和量化标准，以唤起公众的道德认同感和社会责任感。[2]

这些话语对社会发展局的同志来说，既有方向感，又提高了职业的神圣感，也实际上再一次为浦东新区的"新"点了题，实为点睛之语。

1. 前所未有的行政局

　　政府机构的庞大、臃肿、职能互相交叉、工作效率低一直被大家包括国际社会所诟病,所以浦东新区管委会成立之初,就按照"小政府、大社会、大市场"的原则设计行政机构,只用了几天的时间就走过了酝酿、设计、上报、批准等流程,10个局,800个编制,社会发展局是其中的一个。

　　社会发展局囊括的职能可以说是前无古人,是否后无来者不得而知。其内部犹如一个七巧板,教育、卫生(包括食品、药品监督)、文化、体育、民政,还要管街镇事务,再加上派生出来的计生、残联、爱卫等部门,这些社会主管部门的整合,都需要社发局承担。在我国机构改革史上,经常有机构拆拆并并的事情,但是以上这些机构除了文化、体育以外,教育、卫生、民政都是独立存在的,都各自有自己一块独立的招牌。

　　记得建局第一年,我带队访问新西兰,见到奥克兰市长,他一开始以为我们这个局相当于他们的社会局,是主管政府内政安全事务的。西方的政府机构有些虽然精简,但也没有这个想象力,将这么多的社会职能打包放到一个部门里。

1992年底,我打开作为管委会办公地的、原黄浦区文化馆空地上搭起的临时建筑的一个房间门,30平方米左右的房间内放着一张办公桌,这就是所谓肩负新区社会事业管理和发展职能的社会发展局的办公机关了。

作为局长,首要的是张罗着开门大吉,第一件事就是要整合队伍,盘点和整合资源。

把人整合起来,一间空房除了一张小的办公桌,其他什么都没有。一张桌子坐不下一套班子,更何况还有中层处室的处长们也要有地方落脚。没办法,那就多搬几张桌子进来。

《浦东开发》杂志社的记者,看到社发局这一间屋有人影晃动了,就要采访局长,和我擦肩而过,问了后面的人,那人就说,前面搬着桌子的就是。于是记者追上我要采访,我说搬桌子有什么可采访的,工作的事八字没一撇,等到能坐下了再说吧,记者啼笑皆非。

几天后,原浦东开发办的赵开国、市民政局的马伊里、川沙县政府的张庆龙作为副局长,原浦东开发办的杨德林和来自于华东师大的钱越民作为局长助理都相继到位。副局长们没一张桌，只能几个副局长合用一桌，错时上桌办公。

即使如此，这浦东的一间房，其效能也还未发挥到极致，因为局里的教育、卫生、文化、体育、民政等职能部门的主体部分还在原川沙县地面上，川沙县局长们的家和社会生活基础都在县城。不难理解，生活上、感情上和实际感觉上，哪能愿意到浦东管委会的一间房里来办公，而局里党政办公室和统筹计划财务的部门还需要新设，意味着一个局七个处室必须在一个物理位置办公。于是，一间房里是桌子连着桌子。

两个星期后，原川沙县的几位老局长（顾静宇、黄震宇、高振林、徐明其、奚绍铭等）克服困难，离开了位于川沙的各自原有的一个小楼，只身到属于市区但只有一间房的社发局上班，他们随身只有一个公文包，局长的头衔旋即变成了处长的身份。

就这样，最初的半年时间里，社发局就只有一个房间，局长有一张办公桌，副局长和处长只有一个桌子抽屉，互相之间面对面办公，连个隔断都没有，不分行政级别，在办公空间上一律平等。外人一脚进门，一眼望去都是办事员，辨别不出谁是头儿，办公条件真是不如上世纪三十年代的小白领。而来自于浦西的同志乘着市轮渡，赶到浦东上班，偌大的浦东就一般办事员而言，一时之间还真没有一个能让他们搁下公文包的地儿。

但是在这个简陋的办公室工作的每一个人，都像打了鸡血一样干劲十足，他们的工作时间不是以"日"计算，而是以"时、分"计算，因为他们觉得自己赶上了一个好时代，在这个有为之地，一定要做一个有为之人。

来自于市委机关的邹毅，原来是华东局老领导魏文伯的秘书，精通机关文秘事务，他为人厚道，服务意识强，担任了局办主任，不管工作多繁杂，展现在大家面前的永远是笑脸。他和来自于市教育学院的盛国生一起，作为党委和行政办公室正副主任，再配上一个机要秘书陆天骥，将局里的工作流程作了规范，使得这个职能交错的新机构的运转有章可循。在这个服务全局的岗位上，这两位浦东开发之初社发局的元老级人物始终任劳任怨，不计得失。万分遗憾地是邹毅同志未到退休年龄就突发疾病，不幸过早离世。

2. 大拼盘里的养成教育

有一个让我不会忘记的一个尴尬实例。一天，刚开张的社发局里来了几位来自日本的访客，其中一位一时内急进入了厕所，但又尴尬地走出来，原来他进去后才意外地发现没有厕纸，这在日本是不可想象的事情。他怎么会知道在上海当时的大街上，公共厕所里厕纸是要自己掏钱买的，如果免费供应，放进去的厕纸不够被人顺手牵羊顺走的。可是，这一点差异，也体现了一个地方的社会发展水平。

社发局的内部本来就是一个大拼盘，现在人走到了一起，虽然在一个锅里吃饭，但不等于吃法一样，干活的手势一样。生活习惯和行事风格的背后是有文化背景的，即便在一个大城市里，城区和郊区也难免有差异，所以为人和做事风格的整合也是一道坎。

管委会书记、主任赵启正及时地在浦东管委会系统提出了养成教育的课题，于是养成教育成为了各局机关局风建设的入口。

社会发展局将几个政府职能机构作了一个拼图式的整合，然而，简单的物理搬家的结果是貌合神离，只有产生化学反应，才能取得整合效果。

以教育处为例，一个处十几个编制，来自上师大的许建山，对现代教育理念常有自己的独到见解，一到教育处报到，心里想的就是如何将农村干部的教育理念整合起来，因为处里的11个同事都是川沙教育局的，他从市区来，是特殊的第12个。今后，浦东的教育是城市文化对农村文化的整合，还是城市文化和农村文化的杂糅？

1993年3月1日，浦东新区社会发展局正式挂牌成立，在浦东管委会所在地的原黄浦区浦东文化馆的场地上临时搭建的小楼内，社发局有了一个楼面。

如何在机关里率先开始具有文化整合意味的队伍建设，让办公的硬环境做到简而不陋，让干部的行为规范及谈吐举止与社会发展局的称谓相匹配，这是局领导们内心考虑的一个大问题。

我本能地感觉到，简而不陋的办公硬环境和干部行为规范的人文软环境需要对标，这个标的不是农村向城市靠拢、浦东向浦西靠拢那么简单，这个标的，应该和浦东的高起点开发这个大目标相一致，应该在国际层面上比对，浦东的干部、政府公务员应该在思想上和行为规范上来一个脱胎换骨。

要整合干部的行事风格，首先要提高干部的思想水平。

在局机关中层干部务虚会上，大家一起回顾了小平同志对上海市领导说过的一句话：浦东对面是太平洋，是欧美,是全世界。为此在浦东工作就要胸怀全球,要有世界眼光。因此,我们在思想上要完成从小地域到大新区、从小处室到全局、从计划经济到市场经济的转变。

在局内部,业务部门同综合部门也是一对需要处理好的关系,大家来自四面八方,同事之间要处理好亲与疏的关系。机构精简,人员不足,在个人修为上要处理好"一专"与"多能"的关系。

讨论会上,赵开国副局长提出,抓局风建设须从加强思想教育着手,在工作作风上,要从小事抓起。马伊里副局长建议组织一些个例讨论,开展公文评比、最佳备忘录的评选等,可设置对外的意见箱并设立对内的合理化建议奖,建立"马上办"制度,设立无会议日、局长接待日。民政处针对自身工作特点提出在处内强调孺子牛精神,任劳任怨,对上门办事人员和上访人员要不厌其烦,耐心细致。教育处工作面广量大,因此提出勤政高效,提出了拟定人事、项目、产业、经费使用等工作流程的计划。卫生处准备建立督察员制度,以提高工作质量。局办公室强调了理顺工作程序,提高自身服务质量等。

干部队伍的面貌是具体可观的,看得见摸得着。当时的社发局没有专门的勤杂工，机关的卫生打扫都是"自扫门前雪"，一个处室的环境卫生也反映了这个处室的人员素质。

社发局将厕所的环境卫生作为机关整洁的突破口，订了一个标准，就是不能让外来访客仅凭鼻子就能找到如厕之门，还有就是社会发展局的厕所里永远是有厕纸的，局机关的职工人人自觉不把公共用纸带回家，后来连来办事的浦东市民也少见有这种行为了。局机关职工都养成了良好的用厕习惯，用完抽水冲干净，因为与眼睛齐平处贴着一纸条：用后抽水是对下一位使用者的尊重。

社会发展局是一个体现社会温暖和良心的部门。分管民政和局机关党委的马伊里是一个善思考，又有很强执行力的行政干部，她热爱民政工作，也把自己的思想积累和工作经验带进了社发局。她的进入，也吸引了长期原来在浦西市区民政领域的干将到浦东共创浦东的社会大业，如当时担任民政处长的黄建中和担任残联主席的高学兵等。他们都从心里感觉到民政事业是太阳底下最光辉的事业，在工作的对象里有不愿被社会边缘化的老人，更有需要社会帮助和关爱的残疾人。他们的理念和我在日本感受到的东西一拍即合,所以,局里一开始就要求带头革除社会陋习,包括语言习惯,如废除"残废人"的俗称,一律称之为"残障人士"。

局机关党委开始发动大家寻找行为陋习,拍了机关内的实时视频,组织大家讨论识别哪些是不好的习惯,通过这些参与式、沉浸式的大讨论,一些诸如将香烟夹在耳轮上到处走,在办公室内大声交谈,不礼貌、不耐烦地接听来电等行为都被列入整改范围。共识一旦形成,陋习就难有藏身之地,不久,这些大家眼里的不雅行为匿迹了,代之而起的是有文明气息的谈吐举止逐渐被大家习惯,包括接外线进来的电话用语也标准规范了。

社会发展局乘势而上,在前段工作基础上,提出了局风建设目标,简陋的局机关门楣前刻上了"精诚团结、廉政勤政、雷厉风行、一专多能"这四句局训,延伸开来就是要以精诚团结的态度协同共事,以廉政勤政的作风办好政务,以雷厉风行的风格狠抓落实,以一专多能的才干提高效率。就这样,一个全新的行政部门,一个被有些旁人看似浦东经济大开发的边缘部门,在新区党工委和管委会的领导和行政各部门的有力支持下,立志走上浦东社会事业的创业新里程。

3. 从摇篮管到坟墓的尴尬

新区的老开发们都忘不了在黄浦区中心医院食堂搭伙的日子。

午饭时分,一群人手拿白的搪瓷碗和竹筷子,穿过浦东大道去吃饭,条件艰苦而不失幽默,饭堂里互相寻开心。有人打趣道,你们社会发展局,是管头管脚管人的部门,从摇篮管到坟墓。

想想还真是,社发局的人心里泛起的是荣誉感还是责任感或是压力感,有点说不清、道不明,但在实际工作中的尴尬确是实实在在的。

说到管人,是不错,这里的"管",其意思和北方人口中的"管饭"的管,是一个语义,就是服务。社会发展局里所操持的,都是跑不了的政府的活,而又是一个在政府内部求爷爷告奶奶的部门——要钱、要土地,万事要求人。尤其是在浦东开发最初期,最缺的就是钱,而社发局天天开口向新区财力要钱,虽然是"为民请命",但是面对新区财力的窘境,常常也是"小曲在口嘴难开"。

当时,盘活存量成了社发局内部使用频率最高的一个词。要整合资源,首先要把现有的存量盘点清楚。

早知道浦东的社会事业底子远差于浦西,但实地一看,浦江两岸的差距还是超过想象。川沙县以外,所谓浦东城市化地区,像点样的学校、医院、养老院、体育文化场所等,只有原黄浦区的地面上点缀一些,如黄浦区中心医院、洋泾中学、建平中学、东昌电影院、浦东游泳池等,在当时被老黄浦的居民看来,这些设施都是在所在区的西伯利亚。

在老百姓心里,浦东和浦西落差最大的是医疗设施。

当年,浦西的仁济医院派员到浦东考察调研,研究在浦东兴建仁济东院事宜。他们几位选择了延安东路到对岸陆家嘴的市轮渡,在轮渡上找寻对象进行问卷调查,巧遇一位从浦东赶往浦西医院的孕妇,不料孕妇突然晕倒,仁济的医生赶忙施救。等到孕妇醒来,方才了解到该孕妇第一胎孩子是胎死腹中的,这次就是因为担心腹中胎儿能否顺产,所以特地赶往浦西就诊,这使得他们强烈感受到浦东医疗资源的匮乏和浦东居民就医的困难。后来在他们的1 000份问卷里,约有64%的被调查者认为家在浦东,就医不便;有62%的受访者反映因为医疗水平、就诊环境与设施有限,要经常到浦西就医。

为了体现对浦东新区的支持,出于民生的基本考虑,不给拮据的浦东财政雪上加霜，当时市委、市政府决定三区两县划入新区的部分，其地面上的教、卫、文、体、民政设施都划归新区管辖使用。尽管如此，政令遇到利益时，谈判注定艰难。由于当时的上海各区都不宽裕，新区和黄浦区、原南市区、杨浦区的相关部门没少扯嘴皮子。经过一番盘点，看清楚了，浦东新区的城区部分这些老家当，只能够暂时应付门面，原川沙县的社会事业设施就是上海农村的水平。

社发局由若干个板块组成，身为局长，当然重视统合和盘活，但是统得太多，必然有损板块的活力，而分得太清楚，就没有整体效应，还会带来利益碰撞，犹如板块挤压造成地震一样。局长当然需要权威，但是不可能事必躬亲，无微不至，更不能由权而威。艺术地分配好副局长们的分工，是局长之责，分工得当就会形成分工合作的良好局面。放权实际上是明责。局内该统的是财力、基建项目，其余的能分则分。集中容易分散难，难就难在分而不散，如同一篇合格的散文，形散而神不散。

局内的每一个板块都有法定的权益。原来各自独立，分灶吃饭，庙小和尚大，都有自己的神圣不可侵犯的一亩三分地。现在一个锅里吃饭，且粥少僧多，合中有分，要分得合理，远非分粥的最后一个拿粥那么简单，这里追求的不是平均，而是一加一大于二的整体效应。

这又提出了一个内部板块资源的盘活问题。

"盘活存量，用好增量"，这是社发局建局之初常挂在局长们嘴边的话。当时浦东虽大，但社会事业的土地房舍资源相当紧缺，学校、医院、文化体育场所、福利院等都需要土地房舍。在财力不够的当时，为了改善这些事业单位的员工福利，只要稍有可能，一些学校、医院、文体场所，甚至福利院就想着破墙开店、出租场地，用租金补事业经费的不足。有的项目，有了建设用地，但没有建设经费，只能争取和企业合作，用企业的钱造房子，然后土地上的房子五五分成。

社发局的局长们开办公会议，争论最多的还是土地和房舍资源的分配，建设资金的分配，新建项目的立项，而且，每一位都有充足的理由，每一位都能慷慨陈词，每一位都毫无顾忌，他们理直气壮，因为他们不代表自己，他们背后都有他们所代表的民众利益，只不过这些利益是以人群来划分的，如少年儿童、年轻学子、老人、残障人士等，而有些则代表着同一人群中的不同需求。

每个人都有受教育的平等权利，都有求医问药的时候，都有娱乐休闲的需要，都有老有所养的诉求。存量不够，资源短缺，就需要盘活存量。于是，学校内部的文化体育设施能否向社会开放，福利院和幼儿园能否隔墙而建，社区文化中心和老干部活动中心能否资源共享等思路从脑袋里被挤了出来，被放到了桌面上讨论。

　　资源互补，理论上合理，但如要付诸实施，利益的墙却无所不在。社会事业被放到了一个部门，原本是为了拆墙，但无形的墙其实很难拆除。这些事的操作落到了局里的计划财务处，这个"老娘舅"不好当，是一个吃力不讨好的差事。分管副局长是张庆龙，原为川沙县的分管教育卫生的非党副县长；计财处长陆建德，原为上海青少年野营基地负责人，擅长建设和管理项目，副处长赵金龙，原为第二轻工业局技术处的干部，长于项目设计，这也算一个黄金组合。这个组合在局内部就是一个和事佬，协调利益，争取资源利用最大化。

4. 新账不欠，老账逐年还

　　历史上欠发达地区的浦东，其社会事业设施原本就有历史的欠账，当时新区管委会给起步阶段的社发局一个底线目标,就是新账不欠,老账逐年还,这是穷人过日子的普遍办法。

首先就要在社会事业硬件设施上与浦西市区填平补齐,这就要保持一定的社会事业设施开发的强度。

当时有一个小目标,即每年有三分之一项目开工,每年有三分之一项目竣工,每年有三分之一项目立项。为此社发局的计财处,对外又变成一个饶舌者,一个不屈不饶的诉求者,为尚处于少年时代的浦东社会事业争取项目,争取营运资金。他们的主要工作"对手"就是管委会的综合规划土地局,那时候"吵架"成了家常便饭,常常为一个项目吵得面红耳赤。

人说,官场就是权力场,这种公权力即使是为民所用,也常常有一个时空限制的问题。政府部门之间的意见不一在所难免,且一时难分对错,有时候只剩下话语权强弱之分。社会发展局是伸手派,在一个看来不那么适当的时间,向职权部门要钱要土地,本就是弱势一方,但社发局仗着所争的都是民生项目,所以有理还要声高,常常被人讲"吃相难看"。不过也没办法,初创时期的浦东,多条战线都嗷嗷待哺,不争还真是不行。

社会发展局是求人的部门,想不到一年之中还有那么几个月是被人求的。新区的教育资源紧张，经济部门要招商引资，要引进人才，机关内部干部职工子女也要进个好学校，这就求到一向求人的社发局了，于是话语权暂时得到一时半会儿的转移。在教育资源高度紧张的当时，在受教育公平方面要做到绝对化确实很难，当时也确实存在着一部分"条子生"和"票子生"。当凭着有钱赞助校方，靠钞票入了好学校后受到指责时，他们又把斗争的矛头引向凭校长们手里的纸条子进了好学校的"条子生"，说是如果"票子生"是资本主义的，那么"条子生"就是封建主义的，封建主义比资本主义更落后。

教育水平和教育资源的分配方式，一定程度上映射出社会发展的水平。

不少行政管理部门的同志都有一个不成文的思维定势，就是在资源分配的事权上，谁大听谁的。倘若这样，权力越大者，就越累，而且一定扛的责任最大。智慧的当权者，不会贪权，不会迷信有权才有威的所谓权威，而是会善于分权以及分责。

新区一把手赵启正深知新区社会事业的底子薄弱，与浦东的地位目标相比，社会事业的各门类都处于饥渴难耐的状态。于是，他在管委会的副主任分工上做出了看似不经意却是有深意的安排。他让分管财政、土地、规划的副主任黄奇帆同时分管社会发展局,让有土地有钱财的管最需要土地和钱的部门,这种对口安排可谓四两拨千斤。

当时,浦东新区在财力捉襟见肘、可开发土地寸土寸金的情况下,给了初生的社会发展局尽可能的最大支持。只要是说得出必要性,特别是紧迫性的项目一定全力支持;只要是政策规定的资金拨付一分不少,及时到位;只要是规划允许的项目,一定见缝插针,即使在建成区,规划空间已经很满的情况下,也要把必要的社会事业项目"揿进去"。

1994年初,在社会发展局的一次工作会议上,新区党工委、管委会给了新区老百姓一个振奋人心的承诺:新区以后对社会事业的投入要高于浦西两个百分点。这个承诺表明了新区领导们一开始就不同凡响的开发理念和指导思想。

具体到1994年的工作上,就是:第一要出实事。投资几百万,改扩建46所中小学,浦东有400多所学校,其中10%要进行一次改建,要多做雪中送炭之事,到来年,浦东不会再有学校危房。要新建25所中小学,在1995年后投入使用。财政拨款千万,为新区教职员工建设教工住宅,当年要建成。第二是出形象。浦东各种教育方面的指标应该达到上海市的平均值。将1995年作为新起点,向一流教育水平迈进。要树立一批标志性的教育项目,要有一些幼儿园、小学、中学在上海属于一流。第三要出机制。建立新区教育发展基金,新区范围内企业进口设备、原材料等免关税部分,每年拿出10%,这在当时每年将近有一个亿的资金增量。[3]

事实也是如此,新区令出必行,说到做到,尽管财力捉襟见肘,但每年仍有15亿到20亿的财力砸在了社会事业设施上,这在上世纪九十年代刚开始开发开放的上海和浦东来说,这的确已经堪称大手笔,这个数字已经超过了当年的财政收入和生产总值的增长。

几年以后,上海市政府也在全市包括各区提出了教育经费的增长高于生产总值和财政收入的增长两个百分比的要求。当然,浦东新区出于历史欠账多一些的原因,投入高于生产总值和财政收入增长的不仅是教育,而是新区所辖的各项社会事业。

1994年对浦东而言还是一个财政困难的年份,但新区财政在社会事业设施上投建了八个项目:新建进才中学,改扩建杨思中学,扩建浦南医院,扩建第七人民医院,新建收容遣送站,新建东方少年宫,新建潍坊文化中心,新建源深体育场和临沂路、六里的体育场馆。

新区当时不仅是开发区,而且也是浦西过载人口的输入区,大量的动迁人口进入浦东,学校、医院急需扩容,教师、医生数量也在膨胀,这些人的住房是安居乐业的必需品,如何在短时间内解决?新区管委会告诉社发局,与其被动地无限期等待,不如共同出资建一批。于是新区财力出大头,个人愿意出小头的可以优先分房。这不就是当今共有产权房的雏形嘛。

这里不得不专门提一下进才中学。进才中学的捐资建造者是台湾的叶氏企业,其创始人是"老浦东"叶进财先生,有早年在浦东生活的情结,他感叹那时家国穷困,穷人家的孩子读不起书,凭着他始终不渝的家国情怀,生前一直希望在浦东捐资建一所一流的学校。其子叶根林继承父亲遗愿,毅然捐出一个多亿的资金办学校,校名取其父名的谐音,将"财"改为"才",希望见到一个具有国际一流硬件水准的中学。时任上海市教育局长袁采为此不断在浦江两岸穿梭,协调学校建设事宜。为了叶氏家族的义举,市政府和浦东再追加了一个亿,这样,进才中学竟然有了两个多亿的资金,这在同时期的全国而言恐怕也是绝无仅有的了。该校50 000平方米的建筑设计由国内的设计院和台湾的建筑设计院合作完成，整体风格颇有中国古典建筑神韵，红墙和绿茵相衬，香樟、银杏成行，一切都显得合理、端庄，气度不凡。校内教学区、运动区、生活区严格分开，还配有礼仪广场、休闲广场、学习广场等，建筑和广场之间的空间设计了一些精巧的中式庭院。经过三年左右的建设，学校建成了，其主体建筑获得了上海市的"白玉兰奖"和国家"鲁班奖"，后来又获得了上海市五十年经典建筑奖。

1996年8月8日，进才中学举行了隆重的落成典礼。时任上海市委副书记陈至立和时任上海市副市长龚学平与叶财记公司董事长叶周妙凤女士共同出席了剪彩仪式，当叶周妙凤女士致辞时，刚一开口即泪眼凝噎，坐在她旁边的陈至立同志马上递过手巾。原来这个落成典礼本应有叶根林先生致辞，但不幸的是1995年他病逝于台湾，临终之际还叮嘱务必留出专款，确保学校按时按质建成。如今面对一所现代又古典的校舍，她怎能不感慨万千。此后，叶氏企业继续支持学校的软件建设，1999年进才中学首届学生高中毕业之时，设立"碧叶奖"，由叶家每年出资3万元，奖励30名优秀高中毕业生。为了表示纪念和感恩，进才中学校园内立起了叶进财老先生的塑像，每年清明节，学校都会按照中华民族的习俗进行祭扫，朗读《致祭词》，敬献花篮。每到毕业季，毕业生都会分批到老先生塑像前拍照留念，以志老先生之恩惠。2005年6月，台北叶氏企业叶茂生董事长飞到上海，把叶进财先生生前拍摄的最后一张相片赠送给了校方，使得学校师生不仅能见到老先生的塑像，还能从相片里看到老人的真容。叶氏家族祖孙三代都情系浦东进才。[4]

进才中学有了过硬的设施，但学校的优劣毕竟还是由师资质量和教学成果来决定的。市教委和浦东新区在全市范围内精挑细选，选了一位本市大学数学系的教授当了第一任的校长，他叫袁小明。

中学校长是大学数学系教授，这在浦东还前所未有。作为校长，重要的是要有教育理念，这位长于数学教学的教授的确有自己的想法。在他的心里面，进才中学出来的学生就应该特别有教养，男生应该是谦谦君子，女生应该是大家闺秀。一次出访，浦东的教育访问团来到了美国的斯坦福大学，学校安排了一位在全美著名的专门研究"学习"的教授与大家座谈。让美方教授兴奋的是，出访团里这位英语不甚熟练，发言需要翻译协助的袁校长，在关于"学习"的见解上与他们多有共鸣之处。

多年以后，袁小明已经退休，他还回到自己曾经奋斗过的地方，为学校全体教师作了"教学：重在教学习"的专题讲座。他一贯反对填鸭式的教学，在他看来，教师的责任就是要教会学生学习的方法，让学生有自主学习的能力，这样才能使得学生在艰苦的学习中感受到学习的乐趣，从而终身受用。

5. 匆忙中打了一个遭遇战

社会发展局是浦东新区管委会下面的一个局，当时有些人认为，浦东开发的主旋律是经济开发，社发局和土地批租、招商引资不搭界，就是一个边缘部门。而社发局毕竟是一个前所未有的部门，外界常常有一种狐疑：这么多社会职能装在一个局里，行吗？这些职能对政府而言都是需要财政刚性支出的，钱从哪里来？当时浦东的社会事业基本上是农村的底板，没有知名的学校，唯一的大学是上海海运学院（2004年更名为上海海事大学），仅有的有点名次的中学只有建平、洋泾、杨思中学，没有三级医院，没有像样的体育场、文化馆、图书馆、影剧院，更没有像样的民政设施，如何去对标国际，建设一流的新区？所以，社会发展局这个招牌的存在，平添了很多人，包括海内外人士对浦东的期许。

我所认识的一些海内外朋友当年给我写信，希望浦东不久的将来成为一个社会发达的城市，成为社会文明进步的样板，有完美的教育、卫生体系，有一流的文化体育场所，有一整套适应老龄化社会的民政设施，希望在项目开发时多照顾到生态建设，绿化面积大一些，到处都有供人休憩的休闲绿地，等等。

美好的期许和祝愿给人以激情，反映了社会的关切，然而，理想往往很丰满，现实偏偏很骨感。

开发之初的浦东，政府机构的设置和当时市里的委办局严重不对应。社会发展局对应着市政府的教育局、卫生局、文化局、体委、计生委、爱卫会、民政局、残联等职能。令人尴尬的是，每当市里开会，唯独社发局只有副局长或者处长，甚至于副处长与会，当时社发局到市里的参会者可以清晰地感受到来自于台上的不悦之色。这个不悦的脸色不难解读：你们社发局不就是教育局、卫生局……吗？局长凭什么老不来开会，这架子也太大了。其实，局长难以参加任何一个委办局的会。很显然，如果都是局长与会，局长就成了会议局长，如果几个委办局在同一时间开会，局长分身无术，如果局长参加了某一个委办局的会而没有参加另几个部门的会，那又会有厚此薄彼之嫌。没有办法，只能装傻充愣，硬扛。

参加会议还只是一个程式，更让人为难的事情是中央的部门来检查指导工作，走到社发局的门口，有的"钦差大臣"没有看到自己部门的门楣总觉得不习惯，想不到自己一个堂堂的法定部门在浦东新区竟然一夜之间变成了一个二级处室，偌大的浦东竟然没有教育局、卫生局、民政局……，一个个斗大的问号后面连着惊叹号。

非常时期还得有无奈之举，求生之道就是多做几块不同称谓的牌子，多准备几个不同称谓的章子，万不得已时能抵挡一阵子。市里的有关领导听到了这些声音，担心浦东精简的机构承受不住压力，于是出现了"浦东要戴钢盔顶住"的话语。[5]

这么多年过去了，当年浦东的机构在政府机构改革上吃了第一个螃蟹，体现了良好的初衷和可贵的创新勇气，在"政府机构办事难、难办事"的社会舆论中，在跑一个项目要盖几十个公章的怨言里，浦东的精简机构的确带出了高效的办事模式。

要知道梨子的滋味，知道螃蟹的滋味，只有吃过的人才知道。要知前方路，须问过来人。当年的亲历者感悟到两点：一是政府机构改革是一个系统工程，需要有一个科学的顶层设计，所以一定意义上而言，机构改革是一个自上而下的改革；二是精兵简政，次序上应该是简政精兵，简政当头，精兵就在其中了。

浦东新区社会发展局于1993年3月1日正式挂牌对外办公。这个机构甫一开张，就遭遇了就学潮。新区从原来的三区两县划转过来的学校有600多所，这个数字是既定的，但是由于沿江地区土地是香饽饽，开发商拿地后，总希望尽快交地。有的学校在批租范围内，新校址未开建，原校已拆除。更主要的是，这一年由于浦东开发引来的"移民"数量是未知数，其中有外地来浦东打工、拖儿带女的民工兄弟，他们的子女要就近入学；有浦西动迁，举家搬迁到浦东的市民，他们的孩子要迁学到浦东，而且都希望在沿黄浦江的成熟社区就学；还有浦东从全国各地招贤纳士到浦东创业的人才，他们的子女当然希望在浦东享有一流的教育。结果外面有学生涌进来，里面被拆迁学校的在校学生要分流过渡，几千名学子一下子仿佛从地下冒出来，弄得浦东措手不及。浦东开发的号角刚刚吹响，不料竟然出现了"就学难"的窘境。[6]

赶紧分片召开会议，尽量将学生安排就近入学，这样，有的班级学生数超过了六十名，真是史无前例。为此，新区管委会紧急发令，学校一定要先建后拆，即使已经批租了的土地，也不能说拆就拆。同时，管委会在精简审批图章、提高办事效率的大背景下，给了社会发展局一柄"尚方宝剑"，即要求新的住宅地产项目，在规划审批流程中增加一个社发局图章，使得里面不会缺少学校、幼托机构等社会事业设施公建配套项目。

由于当时公建配套费的管理，公建配套设施的建设职责界定得不是很清楚，特别是1992年，新区处于新老体制交割时期，房地产开发公司的一部分公建配套费交到了市里，一部分则交到了川沙县，他们认为既然交了公建配套费，学校等公建配套设施的建设就是政府的事，结果居住小区投入使用，入住居民的孩子却没学校可就读。那年秋季开学，恰逢浦西成都路高架建设，由此动迁到浦东的学生家长来社发局办理转学手续，高温炙烤下，连续几天社发局办理转学的部门前都排了几百人的长队，工作人员虽汗流浃背却不敢懈怠，可是刚动迁到浦东的这些学生家长们难免怨声载道。

为此，社会发展局里面还专设了一个公建配套办公室，会同有关局对注册在浦东新区的房地产公司进行全面摸底调查,便于及早规划,有计划地安置和分流转学学生。

社发局要求,凡是在浦东施工和竣工的住宅,房地产开发公司必须向社发局教育处提供居住区迁入户数、转学学生数等情况。在那段艰难的日子里,社发局计财处的陆建德、赵金龙等整天围绕拆迁、新建忙活,教育处的顾静宇、许建山等则整天为学生的安置就学在几百所学校中间协调。办公室的肖凤,这位从市社科院调入局里的女同志,精明强干,作风一刮两响,平时干起活来一是一,二是二,风风火火,那段时间为学生入学转学,为社发局属下三万多职工转区办手续等,日日夜夜制证办证建档,社发局竟然敲坏了三只公章。由此可见那个非常时期的巨大工作量。

为了容纳新增出来的就学人员、就医人员等,新区在1993年当年的几个月内,紧急新建了一批学校,在秋季新学年集中竣工开学。当年,还有原来三区两县结转的一批半拉子项目相继竣工,投入使用。如杨思中学的迁移改建,地处高桥的第七人民医院的扩建,浦南医院病房楼的扩建,梅园医院的改建,浦东烈士陵园的扩建,潍坊文化馆的新建,新陆殡仪馆的新建等等。这些项目虽然数量不多,投资不大,但也构成了浦东大开发序曲中不可缺少的音符。

第二节
用世界眼光为社会事业立言立位

在浦东开发大踏步向前的洪流中，如何使得社会发展和经济增长同频共振，如何使得经济和社会协调发展，如何找到社会发展的科学路径？浦东的社会事业发展和经济项目的开发是一个什么样的关系？具象化一些，在众多的商务楼群里，学校、医院、文化体育场所、民政福利院、社区活动中心等应该处在什么样的地理位置，能否成为一定意义上的人文地理标志？这些始终是浦东开发的领导层在心里盘算的问题。

1. 地球仪边的战略思考

具有怎样的开发立意，往往决定了社会事业项目上的投资力度和建设标准。

1991年2月18日，小平同志看着地图和浦东开发的模型，有点遗憾地说："那一年确定四个经济特区，主要是从地理条件考虑的。深圳毗邻香港，珠海靠近澳门，汕头是因为东南亚国家潮州人多,厦门是因为闽南人在国外经商的很多,但是没有考虑到上海在人才方面的优势。上海人聪明,素质好,如果当时就确定上海也设经济特区,现在就不是这个样子。十四个沿海开放城市有上海,但那是一般化的。浦东如果像深圳经济特区那样,早几年开发就好了。"[7]1992年2月17日,小平同志鼓励上海市领导:浦东开发晚了,是件坏事,但也是好事。可以借鉴广东的经验,可以搞得好一点,搞得现代化一点,起点可以高一点,起点高,关键是思想起点高,后来居上,我相信这一点。[8]

总设计师的话要求很明确,就是要上海浦东开发的起点更高,要后来居上。

要做到这一点,决不能坐井观天,一定要登高望远才行。所以,时代要求浦东开发者必须站在地球仪边思考,要有世界眼光,要有大的战略眼光。

浦东的早期开发者都不会忘记第一八佰伴当年开业时的盛况,但是留在他们记忆最深处的不是第一年的销售数字,而是引进外资零售业带来的开发理念上的冲击。当时,日方坚持在10万平方米建筑中只给4万平方米商场营业面积,其余是餐饮、娱乐等,还要有植物空间。按当时一般上海人的理念而言,寸土寸金的地盘上应该把百货零售的面积提高到极致才行，为此中方谈判人员以为翻译是否出错了，还怀疑投资商是否是搞百货业的行家，哪有拿上千元地价开饭馆、种树的？而第一八佰伴开业后第一年销售额达到6亿多的数据证明了一切。2005年，和田一夫老人应邀来到第一八佰伴做客，他驻足八佰伴办公楼的落地窗前，遥望眼前那片由农田脱胎而来的热土，感慨当初选择浦东投资的明智。

如今，大型的、综合性的购物中心在上海已不鲜见，购物中心的餐馆里常常人头涌动，反观购物商场却少见人影，如果没有了餐饮休闲设施，很多人将没有进商场的动力！

通过此事，让浦东早期开发者顿悟到：和谐共生的古训在经济和社会发展领域同样适用，单一不如综合，万物相反相成，此消彼长不如和谐共生。

浦东开发之初，人们的目光难免会放在引入了多少外资项目上。一开始，人们首先看到的是形象，多少工厂落户园区，多少商务楼拔地而起等，所以那时的说法是出形象、出功能。当然人们特别关注的是批租了多少幅土地，当年的批租金有多少。虽然钱不是万能的，但没有钱是万万不能的。

关注力是一种重要的资源和动力，其中既包括了领导人的关注，也包括了社会的关注，而且这种关注应该是持续的。在此背景下，浦东的社会事业发展如何去引得应有的关注，用现今的话语说，就是如何去夺人眼球呢？

2. 浦东呼唤社会学

工欲善其事，必先利其器。1994年5月6日，由中国社会学学会、上海社会学学会、浦东社会发展局联合举办的中国社会学年会在浦东新区隆重召开，中国社会学学会名誉会长雷洁琼和当时的民政部副部长阎明复应邀出席了开幕式。参加年会的正式代表有130多人，来自全国各地。[9]

一个社会学的年会在一个新的经济开发区召开，这本身就是一个可以开挖的新闻，过去没有先例。这里有社会学者的睿智洞见，这里有浦东开发领导们的远见卓识。当然，社发局此前做了大量的工作，使得会议的筹备者了解到了浦东领导不同寻常的开发理念，以及浦东开发要汲取各方智慧，浦东开发要从善如流的思想，如此这般，一拍即合，使得会议落地在浦东。社会学者们找到了一块可以一展胸臆，未来可以出智出力的热土，浦东以高起点的开发理念，在招商引资的同时赢得了一批社会学"金凤凰"的青睐。

赵启正当然知道这个会议在新时代的浦东召开不仅是一个新闻，更重要的是一个浦东与社会学对话的际遇。也许他深知一个地区的开发固然需要科技、资金、项目等硬实力，但更具有长远性、根本性的，是一个地区社会发展等元素决定的软实力，何况那时的浦东并没有什么令人骄傲的硬实力。

在会议的开幕式上，他说道：

> 中国社会学年会在这里召开，这对于浦东新区而言，是件很光彩，很有意义的事情。浦东四年的开发使我们深刻地感到需要社会学研究者的支持，需要社会学研究成果的指导。我们经常用这样一句话要求自己，这就是浦东的开发，不是单纯的项目开发、经济开发，而是社会开发，是社会的全面进步。事实上浦东的开发正是体现了这种社会进步。我们在取得成绩的同时，也遇到了新的社会问题。大家知道，上海是中国最大的经济城市。1843年开埠到去年11月已150

年。但是浦东大约只需15年左右就能像浦西一样。浦西150年的社会发展时间在浦东被压缩为15年，因此这也是社会学观察最方便、容易研究取得成果的地方。这样说，大抵有这样几个依据：

1. 急速的城市化过程。浦东地区100多年来，城市化面积只有38平方公里，并且几乎没有值得保留的有价值的经典建筑，38平方公里在图片上是很糟的一片，几乎全部要推倒重来，但是到2000年时，这里的城市化面积将达到100平方公里。上海解放时高层建筑主要集中在外滩，有38栋，现在仅在陆家嘴金融贸易区1.7平方公里内，已经开工的20层以上的大厦就有60栋，从形态变化上看，10年相当于100年。

2. 从人口上说，浦东是一个农业人口密集的地区，和深圳、珠海、北方的大开发区不同，浦东人口每平方公里将近4 000人，现在预征和规划了许多土地，但真正打桩、修管道、铺电缆，即"七通一平"的土地不过20平方公里，有10万农民离开了土地，这种城市化过程带来的人的社会心理影响是很大的。我们并不太乐观：老年农民离开了土地，有的掉眼泪，觉得这是自己的祖业不能丢；中年农民不知所措，不知如何与城市人竞争。按劳付酬的前提下他们缺少技术，给他们安排工作，他们觉得生活方式和消费层次方面难以适应。我们设想新企业必须按比例接受本地农民工，或按差额分担补偿金。这些在法律上是否行得通，都值得探讨。

3. 浦东发展的关键是人才的培养。"十年树木，百年树人"，浦东的中小学条件在全国大城市里也是较差的，学校的体育设施普遍短缺，没有游泳池，有的没有操场、跑道。而浦东的人口，还有城市和农村的户籍之分，我们就一律先承认农民孩子是城市户口，这是首先要解决的，不能误人子弟。青年农民应该进行培训，现在的问题不是培训经费，是青年农民不愿接受，他们宁愿干些体力活，或者待业在家，反正每月有150元生活费。这样的失地农民基数大，有几万人，也成为一个社会问题。

所以，浦东的迅速城市化，把几代人一百年的城市化过程折合在半代人身上。以前是在不知不觉里被同化，现在的农民人人都在社会变革的大潮中，他们所感受到的压力会更大。因此，浦东的社会发展需要指导。如果社会科学工作者的研究成果止步于论文发表就太可惜了，如果这些有价值的成果以政府的政策、措施为终点，才真正体现了对专家和成果的尊重。为了推动社会的发展，推进社会的进步，浦东成立了社会发展局，这既是为了精兵简政，也是为了把社会发展作为一个整体考虑，而不是把它分割。社会学是系统地研究社会行为与人类群体的学科，社会学年会选在开发初期的浦东召开有很深刻的意义，我们期望和专家学者进一步合作，希望各位在考察中留下宝贵的建议。

本来，与会嘉宾就抱着好奇的态度来探寻浦东作为开发的新区，与其他开发区有何不同，而赵启正的讲话将与会者的激情再次点燃，尤其是"浦东开发，不是单纯的项目开发、经济开发，而是社会开发，是社会的全面进步"这句话，使得全体与会者对未来的浦东满怀憧憬，充满了期待。

在以后几天的会议中，大家对新区领导者的思路表现出了极大的兴趣，我和一些与会者交流到如何让世界走进浦东的问题，谈到了如何让世界了解浦东。举了赵启正说到的一个例子：有国外投资者到了上海，一脸疑惑地问道，浦东在哪里,坐火车去还是飞机去?他们想不到和市中心一河之隔,就隔出了一个城乡差别的浦西、浦东。

如果说资本是一个地区的硬实力的话,那么一个地区的领导班子的素质就是不容忽视的一种软实力。

短短几天,年会嘉宾就社会学对一个地区的发展的重要性作了多方面的阐述,对浦东开发提出了社会学角度的积极建议。

当时,社会的可持续发展理论在世界范围内正方兴未艾,吉林大学教授孟宪忠等知名学者就社会的可持续发展的理论,作了社会学角度的演绎。这次会议的一些演讲稿经过社发局的编辑,发到了新区各局,等于是为新区的社会发展鸣锣开道。

此前一年,还有一个重要会议在浦东新区召开,那就是由社发局组织筹备召开的"跨世纪的开发需要跨世纪的社会服务"研讨会,当时的民政部副部长阎明复和新区的赵启正联袂出席。

阎副部长会前还特地接见了社发局的相关局长,当听说社发局要启动社会福利发展研究时,欣然答应做课题顾问。他说新区的社会发展福利规划,必须同新区经济发展规划一样纳入新区整体发展规划中,这对改善新区投资环境是十分重要的。浦东可以大胆搞一些中外合资的老人护理、婚纱服务、殡仪公墓、残疾人康复中心以及综合性的社会福利大厦等。社会福利资金筹措要多条腿走路，不能完全靠政府资金，要制定政策吸收海内外社会资金，包括对于企业资助社会福利的资金给予税收优惠政策等。

此次会议上，阎明复还向与会的海内外嘉宾热情洋溢地介绍了新区这个别开生面的新机构——社发局。此次浦东之行，作为民政部领导的阎明复没有看到民政局的牌子，但他并不在乎。也许，他不仅是为新区相关职能机构的有效兼容而高兴，更重要的是他为新区能开宗明义地向世界打出促进社会发展的旗帜而兴奋。他给予这个新生事物以良好的祝愿，对新区"小政府、大社会、大服务"的行政框架更是给予了高度肯定。

赵启正在这次会议上，首先对会议的口号给予大力赞扬。他说，"跨世纪的开发需要跨世纪的社会服务"，这是一个很壮观很鼓舞人心的口号。"千里之行，始于足下"，经济开发区不能只是经济动物，在浦东开发的过程中要同时开发社区服务功能。举一个例子，今后社会节奏加快，为人父母的照顾家庭的时间有限，假期的孩子管教可能将来就是一个难题。因此，面向二十一世纪的浦东，不仅要有一流的基础设施，一流的商贸中心，一流的科技园，还要有一流的社区服务所带来的一流的生活质量。他还说，社区服务建设要全社会参与，要面向全社会，依靠全社会。

这次会议，对浦东"小政府、大社会、大服务、大市场"的格局作了社会学意义上的诠释。

可不是吗？浦东开发的高起点就要体现在国际一流水平之上，发展社会主义市场经济会派生出哪些社会问题，这是明智的浦东开发者所要先知先觉的。任何事情要行稳致远，高起点的开发思路太重要了。

当年，新区领导班子提出的开发思路中，经常被挂在嘴边的就是"一流的党建带动一流的开发"，就是说，党建处在各项工作的引领位置。在一流党建的引领之下，是"小政府、大社会、大服务、大市场"，这是一个高屋建瓴、相辅相成的统一体。小政府之小，和大社会之大是一个对应关系，没有社会之大，就无所谓政府之小，小政府也将难以为继，因为大量的应该由社会承担的事务，政府还要背在身上，难以还给社会；反过来，没有政府的小，政府包办了大量的社会事务，社会自身的发展一定会受到抑制，社会难以壮大。一个正常发育的社会一定具有强大的服务能力，这个"大服务"里头，既有行政资源带来的服务，更有社会组织提供的服务。与此同时，有了完善的大市场体制，使得本该用市场调节手段解决的社会事务，能够通过市场机制妥善解决，就再也不用政府部门越俎代庖，使得小政府能够集中精力解决政府应该做的事，显得更加精干高效。而在这个架构之上，需要一个强有力的统领者，利益协调者，这就是我们的党组织，我们党的独特的政治优势、组织优势是不可取代、不可或缺的，所以党建带领下的社会治理在所有的开发区都是不可或缺又势在必行的大事。

社发局的同志们深切地感受到我们的社会功能发育不全、发育缓慢是一个不争的事实，市场机制还不够完善，社会建设和市场体制、机制改革任重道远，而以社会发展冠名的政府部门责任重大。

浦东开发是一首交响乐，浦东的每一个开发者都是乐手。社发局的同志们记住了这句话，从来就把自己当作经济开发区的乐手，这个乐手决不是敲边鼓的，而是在中心舞台上，站在属于自己的合适位置，按照总乐谱，奏出自己的辉煌乐章。

浦东开发是交响乐，它同时还是一首协奏曲。经贸局的招商引资可能枝高声远，城建局的铺路搭桥也经常锣鼓喧天，社发局的同志则在社会和经济的协调发展上不断发声、发力。除了争取一些重量级会议在浦东召开以外，社发局还不间断地邀请一些社会学专家学者造访浦东，听取他们对浦东社会发展的意见。

1994年4月，中国社科院顾问于光远教授应浦东社发局的邀请考察浦东，并与当时的上海市计划委员会经济研究所所长王战、上海教育学会顾问的吕型伟、上海医科大学教授胡瑞联、华东师大教授吴铎、上海体院教授徐本力、社科院信息所所长陈燮君等座谈。于光远教授直言强调，经济和社会必须同步发展，两者没有主次之分，它们之间是互相促进，互相依存的。从宏观角度看，经济也是社会活动，从模糊观念看，社会事业也是经济活动，因此两者是不可分割的。

当年的新区领导都将社会学家引为知音知己。赵启正与著名社会学家费孝通会面时，开门见山地说出了一般经济开发区领导口中难以听到的一句话："浦东呼唤社会学！"

费老在浦东考察两天，一边调研一边发表意见，这位写过《江村经济》、《乡土中国》等著名著作的大专家，其建言都是有前瞻性的，而初创期的浦东正需要这样的金玉良言。

在浦东考察的那几天里,费孝通诚恳地说,浦东开发作为中国历史的一部分,里面有社会学的大文章,但这不是社会学者自己做出来的,而是要靠现实社会里的人共同来做。因为这是一个有几千年传统文化的中国,要进入国际市场这一共同新社区的问题。外国人不可能将这篇关于社会和人的文章写出来,这篇文章只能由中国人自己来写。

在经济和社会发展的关系上,费孝通直截了当地指出,社会事业的发展也是投资环境。不久,在招商引资的板块里传来了外商投资者的回响:希望浦东不但要有综合性的教学医院,还要有国际一流水平的专科医院。有的外商说,自己不可能为了看一颗牙齿而专门飞回国去一次,况且看牙不是一次能了结的。还有一位外资企业的专家说:"我是一个机械方面的专业工作者,而我的夫人是一个教师,你们浦东如果有国际学校就好了,我夫人可以在浦东就业,不会在家赋闲了。"

在对发展以后的浦东进行展望时,费孝通讲到了中国将进入老龄化社会,而且我们可能将以第三世界的身份进入国际老龄化社会。他调侃道,你们现在会为年轻人的社会教育问题操心,将来你们会研究老年人的犯罪问题。

当时,社发局还请了一些人口问题专家参与了浦东开发战略的研究。复旦大学的彭希哲当年还不满四十岁，他对浦东人口与社会发展的研究并不局限于计划生育，甚至可以说主要不是在计划生育上，而是把人口视为生产者和消费者，作为社会主体，研究人口在未来社会发展中会有怎样的社会走向，会对浦东的社会、政治、经济，以及生态资源、人文环境等各个方面产生什么影响。

当大家都在向象征经济开发的阿拉伯数字行注目礼时，社会学家却从社会学的本能出发，把关注点选在了"人"上，看到了浦东开发中人口的数量和质量对经济和社会可持续发展的影响，看到了浦东开发给社会和人带来的变化。

在这个过程里，变革是必然的，社会学家关注的是变的方向。浦东的开发开放将浦东社会带向了国际化，资金和人的双向流动必然会给传统观念带来冲击。经济的全球化，使得浦东的社会也将成为国际社区的一部分，主导社会和人的建设的只能也必须是国人自己。

应该说，这种政治自觉是有高度的，为开发开放的浦东的社会发展提供了一个有前瞻性、国际化的视野。

百业待兴的浦东，需要投入的社会事业设施太多了，要分清轻重缓急都是一件难事，站在不同的立场会有不同的答案。当时最需要厘清的思想认识是如何看待这些设施的效益。

当然,社会事业设施具有不容置疑的社会效益,那么社会事业设施就没有经济效益吗?笔者注意到一个众所周知的经济现象,就是开发区的投资环境,一定程度上决定了吸引投资的数量,而这个环境除了引资政策、政府服务、行政办事效率等以外,还有一个可能被人忽视的生活环境指数,包括交通条件、教卫文体、民政福利设施、劳动力资源的素质、自然环境的保护、治安秩序的良好等等,而这些社会性的指标往往决定了生活环境指数的高低。

最直观的是房地产业,凡是出行方便、绿化面积大、学校医院高级的地方,房产一定增值,这个增值部分实际上就是社会事业设施的产出效益所致。

笔者彼时正好在华东师大业余攻读经济学硕士学位,要为毕业论文确定选题。于是决定以此作为选题,从经济学的角度对社会事业设施投资的合理性进行阐述。如何切入题目?时任上海市政府发展研究中心主任王战为我点了题,他说社会事业设施的效益具有外部性!这真是一语中的,于是我把论文题目定为《经济开发的社会环境及外部效益研究》,然后登门向指导老师陈彪如老先生求教。陈老先生当时已是八十多岁的高龄,这位我国金融学术界的泰斗级人物，门下出过多位重量级的高足，但仍然对我这个题目给予了很大的鼓励，并且对论文的写作给出了经济学上的指导意见。于是，社会事业的外部效益一说，在讲究投入产出比的语境里开始有了一席之地，也成为了社会发展局阐述社会事业设施投资理由的一个有说服力的切入点。

第三节
惜土如金者的社会项目手笔

浦东开发开放初期，要配置高档硬件的学校、医院，其反对声音难免会很多，即使投赞成票的，后面也会拖一个令人沮丧的"但是"，说辞往往就是，投资是必要的，但是眼下要过紧日子，资金短缺，再等两年吧。可是，新区的领导们登高望远，深知古往今来，经济发达虽然可以使一个城市变得强大，但是，时刻回应市民群众的关切，关注他们的感受，市民百姓的社会文化素质能够与时俱进，这种和社会进步相关的要素就是这个城市的软实力，它带给一个城市的世界影响将更有穿透力，将使一个城市获得经久不衰的发展动力。于是，他们即使在政府财力捉襟见肘的困顿时期，也不遗余力地为社会事业设施的完善而不断努力。

1. 为了上海市民和几代音乐人的梦想

上世纪九十年代，上海市还没有一个硬件达到国际一流水平的文化设施，没有一个演出剧场具备大型演出的舞台深度、音响标准。上海解放四十多年了，还没有一座真正意义上的符合标准的音乐厅。

令外界感到意外的是，新区管委会在财力基础还非常薄弱的情况下，就从上海和浦东的长远发展考虑，开始千方百计筹措资金，腾出土地，想着为将来的上海和浦东留下一个标志性的文化项目——东方音乐厅！

那可是在1993年，即浦东新区管委会建立的元年。新区的领导们想的是，既然悉尼歌剧院能够成为国际性的地理标志，为什么一流的浦东开发不能有一个一流的文化标志项目呢？

这个项目毋庸置疑地证明了上海和浦东的领导们重视社会事业和社会进步，绝不是叶公好龙！

就音乐厅建设问题，新区领导与十余位音乐界著名人士进行了座谈，社发局根据新区领导的意见，召开了数次由各方专家参加的有关建造音乐厅的研讨会，并且广泛征求同济大学、华东建筑设计院、民用建筑设计院、音乐学院、中科院上海分院设计所等机构的专家、教授的想法，查阅了大量的国外最新资料，以此为基础撰写的项目建议书竟然有一万余字。

当时，位于人民广场的上海大剧院的建设才刚刚提上议事日程，浦东新区党工委、管委会在上海市委、市政府的支持下，毅然决然地决定建造国际一流的音乐厅，为上海补上一个时代的期盼。

1994年4月28日，东方音乐厅建筑方案国际征集发布会在新锦江宾馆举行，来自美国、瑞士、日本、加拿大、法国、德国和国内的11家设计单位踊跃参加，会上宣布7月28日为方案提交截止日期。

三个月以后，德国、日本、加拿大，以及香港、上海等地的9家设计事务所按期送来了设计模型、设计方案文本以及设计图纸等。

新区管委会一天未耽搁，时任管委会副主任黄奇帆当天就召开了评审会第一次会议，评审组成员都在会上拿到了新区管委会的聘书，他们包括著名的法国建筑设计大师夏邦杰先生、加拿大的国际著名建筑师埃里克森先生、同济大学戴复东教授等。

揣着刚获发的聘书，评审员就开始了紧张热烈的评审工作。从送审的十几套模型和效果图来看，大多设计新颖，巧思独特。其外形，有的如一架巨型钢琴，有的似一艘帆船，有的像一顶硕大的皇冠。这些设计都考虑了与东方明珠的关系，都考虑到了浦江东岸滨水的独特位置。三天后，评选结果揭晓，日本丹下健三都市设计事务所的作品得到了一等奖。该所的设计作品，外形如巨大的古鼎，由于其完善的空间透视效果而与东方明珠电视塔组成了有机整体，而其底部宽广的有顶广场又使得小陆家嘴的寸金之地得以最大限度的利用。

赵启正在设计作品颁奖仪式上充满感情地说，这次东方音乐厅方案设计能有这么多国内外设计事务所参与，设计的方案、模型都那么精美，出人意料。虽然限于名额，评选的方案只能产生一个一等奖，但是这次征集活动没有失败者。对这些模型，除了浦东采用其中一个外，其余的我们可以推荐给其他城市。[10]

让设计者和上海市民感慨的是，新区管委会将东方音乐厅选址在炙手可热的陆家嘴，虽然后来由于规划等客观原因从黄浦江边移址到了行政文化中心，但还是在陆家嘴区域内。

浦东开发惜土如金，但新区的决策者却不惜拿出最金贵的土地资源，投入一个不会有直接经济回报的项目上。这是一个不能用经济动物的眼光看待的一个项目，这与其说是一个项目投资，不如说是一个向世界的宣示，浦东新区的"新",就新在经济和社会的协调发展上,就新在执着地推进社会进步上,不管是贫穷还是富有,都矢志不移。浦东开发不同的开发个性此刻又一次得到彰显。

1994年6月,上海解放日报旗下的《新闻报》为此还发了一篇专稿,题目为《上海呼唤一流的音乐厅》,沪上音乐人士和百姓的呼声再次跃然纸上。

拥有一座世界一流水准的音乐厅,是上海几代音乐人和市民的梦想,当浦东要建一个国际一流水准的音乐厅的消息传遍沪上,令全市的音乐人士兴奋莫名。当年,社会发展局的同志趁着"七一"党诞辰日,走访创作了《游击队歌》、《摇篮曲》、《天涯歌女》等一大批脍炙人口的作品的音乐大师贺绿汀老先生,告诉他上海将在浦东建造世界一流的音乐厅时,老人兴奋异常,但旋即问道:"钱怎么办?"这是老一代人的自然反应,都是在紧日子里出来的过来人。当得知钱的问题能够解决,方案正在实施时,他开心地笑了。在病榻上,他专门给著名指挥家陈燮阳发出一张明信片,亲笔写道:"上海几代人的愿望终于要实现了。"正如当年的陈燮阳所言,一座城市的代表性乐团,如果没有一座与世界水平接轨的音乐厅作为演出基地,就像没有家一样。

忘不了那令人动容的时刻,在陆家嘴举行的东方音乐厅奠基仪式上,新区领导班子成员悉数到场,更有周小燕等凡是能够前来的艺术家都踊跃参加。

赵启正在致辞时也难掩激动之情,他说道:如果浦东开发是史诗,那么她更需要音乐的伴奏;如果说浦东开发是面向世界的开发,那么音乐更能穿越时间与空间的障碍,打动人们的心灵。邓小平同志为我们谱写了浦东开发的总谱,我们都要当好演奏员。让我们齐心协力,演奏出雄壮的进行曲,为了今天,也献给明天。

在致辞中他还诚恳地说道,我们的后代,也许会认为这个音乐厅还不够壮丽。然而当他们得知,上海是在还有多少路要修,有多少困难户的住房还没有完全解决之时,就决定建设一个好的音乐厅,他们会体会到,他们的前辈把精神文明看得多么重要。他们不会苛求与埋怨前人,甚至会对我们这个的决定,给予更多的一份理解和称道。

就这样,在史诗般的土地上,人们听到了浦东开发者史诗般的声音。

兴奋异常的音乐家欢欣鼓舞,著名艺术家乔奇朗诵了赵启正事前拟就的词句:没有音乐厅的城市,是一个贫乏的城市；有一座好的音乐厅的城市，才是一个美丽的城市。

著名音乐指挥家曹鹏，在现场向新区领导赠送了一根指挥棒，以此，代表了音乐界人士对音乐厅早日建成的期盼和祝愿。随后他当场指挥乐队演奏一曲，当著名的《黄河颂》旋律在浦江上空回荡时，正好有一艘巨轮在黄浦江上缓缓驶过，见证了这一神圣而激动人心的时刻。[11]

2. 让医院不出金融圈

想当年，陆家嘴土地火热，寸土寸金，原来的黄浦区浦东中心医院，现在的东方医院，地处浦东大道和浦东南路路口，是一等一的黄金地段，如果把它动迁到规划为市政文化中心的花木地区，从级差地租这个经济学角度说无可厚非，级差地租兑现了，医院又能新建扩容，好似两全其美。但是，社会发展局作为主管局提出了不同意见。作为金融中心的陆家嘴，今后会有很多高楼大厦，有多少人在这些垂直的摩天大楼里工作，如果竟然没有一个像样的医院作为地区生活的标配，那样的国际金融中心的社会生态是有缺陷的。

在巨大的土地批租收入面前，新区的领导者体现出了高度的社会理性，新区的领导们坚持原地保留东方医院，并且要择时扩建。后来到东方医院求医者不断增多，一天的门急诊量，一度列入上海市的榜首。新区及时地安排财政资金扩建医院大楼，并提出新区的卫生事业要着眼未来，不留历史遗憾。赵启正还带着胡炜和华国万两位副主任召开现场开办公会，强调了医院设计是特殊项目的设计，要承认我们在这方面的差距，一定要聘请世界上一流的医院设计师当顾问。又强调功能设计是第一位的，外形设计要与陆家嘴的办公楼宇相协调。他还诙谐了一句：要避免出现"父亲的西装改了给儿子穿，怎么看也不顺眼"。[12]

结果是，东方医院改扩建方案进行了国际招标，还聘请了美国著名的医院设计师当顾问。

如今的东方医院已经从一家区级的二级医院，蜕变为市里的三级医院，它的楼顶有了全市为数不多的医疗救急直升机平台，并且已经成为上海对外医疗急救援助的王牌之一。

惜土如金，在浦东的领导们心里并不是土地卖得越贵越好，把黄金宝地里的钱都榨出来。小陆家嘴的土地可谓宝中之宝，可是东方医院在其中的金角银边的位置岿然不动。不仅如此，东方医院在张江地区也有了分院。

3. 浦东最贵的街头绿地

在小陆家嘴沿着黄浦江边，当年有一块很大的棚户区。里面有几千户居民与60多家企业，新区向银行贷了一大笔钱款实行了动迁，老百姓的居住条件得到了大大改善。问题是，这么一块黄金宝地用来干什么？如用来批租，政府一下子就可以获取20亿人民币，这在当年的浦东绝对是巨资！令今人感佩之至的是，尽管浦东当年为钱而愁，修路架桥的钱还要靠市政府给予的"土地空转"政策，可是浦东的领导者并不短视，也不"财迷"，他们想在此造一块绿地，为陆家嘴建一个"绿肺"，因为他们要的是比钱更重要的人文环境，一个能够和新世纪对话的生态环境。

当时有一位东南亚的开发商劝赵启正，江边的中心位置建设绿地太可惜了。可新区的领导不为所动，他们不仅没把宝地批租，反而从拮据的财力中抠出7个亿用于建设绿地，一进一出等于花了20多个亿。当年有人提出这个绿地公园要收费进入，但新区领导们不赞成，这个10万平方米的大绿地从建成的第一天起就向公众开放。红花长在绿草里，使得阳光下的陆家嘴更美丽。当时媒体惊呼，这是世界上最昂贵的绿地。

有投入必有产出,当年的这个大手笔投入,着实优化了陆家嘴的投资环境、生活环境,近悦远来的投资商从这块绿地里不仅看到了将来的陆家嘴的生态景象,更看到了这一代浦东开发者不凡的思想见地。此外,生态建设的溢出效应使得周围的土地价格大幅度上涨,实现了经济和社会的协调发展。

4. 留住历史建筑的"根"

当年,在小陆家嘴区域热火朝天动迁,推土机轰轰作响之时,管委会有同志跑到赵启正的办公室急促地报告说,发现浦东大道上有一栋庭院式老建筑,这在未来陆家嘴的高楼群里会显得不搭调,是否有保留价值?是否要考证一下其历史价值?

管委会当即进行了求证,发现这是历史上一栋名为"颖川小筑"的私宅。如果将其拆除,连同周边土地进行批租,定能实现黄金土地的价值。然而再进一步考证,发现这栋房子有着太多的故事。

这私宅的原主人是陈桂春先生。据当年《浦东开发》

杂志报道，可以看到陈先生原籍福建长汀，为了生计，当年迁居浦东高桥，从事水上驳运业。凭着勤奋和智慧，干练和诚信，生意越做越大，成为了浦东近代有名的实业家。他致富后办的第一件事就是创办了浦东医院，解放后这家医院成为黄浦区浦东中心医院，即如今的东方医院。他办的第二件事就是置地造房，1922年动工，1925年落成了建筑面积为1 786平方米的私宅。由于陈姓的发祥地在颖川（今河南登封一带），陈桂春便用他祖先的发祥地颖川之名，将其私宅命名为"颖川小筑"。这栋融东西方文化为一体的优秀近代建筑，前后两厅雕梁画栋，刻有整套三国的故事，门窗窗棂精雕细琢，人物、动物、花草栩栩如生，所以浦东老居民称之为"浦东雕花楼"。抗战期间，宅院被日本宪兵司令部占用，先后关押过众多抗日志士，不少民族英雄在此惨遭酷刑致死。解放战争时期，宅院又被国民党警备司令部占用，李白等烈士也曾被关押在此，上海解放前夕在浦东戚家庙（现为世纪大道浦电路口）壮烈牺牲。这栋房子现在已经处在东方明珠电视塔东南，延安路隧道浦东出口，经济开发价值很大，但从人文历史看，已经是浦东极为难得的革命传统教育基地。因此，新区管委会毫不犹豫地毅然决然将其列为历史保护建筑予以保留。如今在高楼大厦的掩映下,这个"小筑"见证着历史,俨然成为一个特殊的存在。[13]

时间到了2012年,浦东新区已经包括了原南汇县全境。南汇历史悠久,出过不少历史名人,在那里也有如新场古镇等历史风貌区,浦东一如既往地走在人文历史社会保护的道路上不停步。

2012年1月,北京梁思成林徽因故居被拆引起了一些媒体的强烈关注,而此时,浦东正式启动了航头镇傅雷故居的修缮。

1908年一代翻译巨匠、教育家、艺术理论家出生在这里。傅雷的祖父傅炳清家道殷实,拥有四百多亩土地和36间房屋。1912年左右,四岁的傅雷随家人迁居较为繁荣的周浦镇,老家的房产交由家里的账房先生收租管理。后来那建于明代的占地900平方米的36间房几经历史变迁,被拆除了一半。剩下的由于年久失修,有的倒了。2002年,"傅雷故居"由南汇区批准公布为"区级不可移动文物登记保护单位";2006年,航头镇政府首次举办了"江声浩荡话傅雷"论坛;2008年,航头镇在人民大会堂举办了纪念傅雷诞辰100周年座谈会;2009年航头专门为傅雷研究会购置了办公用房;2011年5月7日到8日,《傅雷家书》与傅雷精神研讨会暨傅雷文化研究中心成立大会在浦东图书馆举行；2011年9月，航头镇正式成立傅雷故居修复保护和开发利用领导小组……，这一系列的举动，并不是说这些业已残破不全的建筑有什么特色，有多么贵重，有多少经济价值，而是在这些破旧房子里有着比房子更重要的人文价值。

在浦东新区人看来，房子虽然普通，但它也是一个文化坐标。浦东的土地不是仅仅只为经济价值而存在，它在过去和现在乃至将来，都会承载着悠长的生态价值、文化价值、社会价值。

参考文献

[1] 谢国平:《中国传奇: 浦东开发史》,上海人民出版社 2017 年,第 159 页。
[2] 浦东新区社会发展局:《社会发展动态》1993 年第 23 期。
[3] 浦东新区社会发展局:《社会发展动态》1994 年第 7 期。
[4] 张声茂:《一张相片引起的回忆——记叶氏家族对进才中学的倾情奉献》,《浦东开发》2006 年第 4 期。
[5] 谢国平:《中国传奇: 浦东开发史》,上海人民出版社 2017 年,第 267 页。
[6] 浦东新区社会发展局:《社会发展动态》1993 年第 16 期。
[7] 《邓小平文选》第三卷,人民出版社 1993 年,第 366 页。
[8] 中共上海市委党史研究室:《邓小平在上海》,上海人民出版社 2004 年,第 239 页。
[9] 浦东新区社会发展局:《社会发展动态》1994 年第 36 期。
[10] 浦东新区社会发展局:《社会发展动态》1994 年第 36 期。
[11] 浦东新区社会发展局:《社会发展动态》1995 年第 35 期。
[12] 浦东新区社会发展局:《社会发展动态》1995 年第 37 期。
[13] 唐国良、鲍拯奇:《五座历史名宅　不同命运带来的思考》,《浦东开发》2005 年第 1 期。

第二章

跨世纪社会工程：
长远布局社会功能的开发

浦东当年也曾有人嘀咕，为何浦东不能像南方城市那样叫特区？新区"新"在哪里？要知道，当时全国各省市都有搞特区的强烈冲动，为了防止攀比，中央决定将浦东称之为"新区"，然而也享有特区的一些特殊政策。也就是说，浦东不能全部靠吃政策的小灶，要走一条对长三角乃至全国有辐射带动作用的新路。

浦东的领导们知道浦东开发不能独善其身，浦东开发是负有探路使命的。由此，浦东一直把功能开发挂在嘴上，不仅是经济辐射功能，也包括社会功能。

面对前来浦东考察的投资商们，新区领导反复讲"新区不特而特，特中有新"，现在看来，这个"新"，是新在理念。

赵启正在1995年4月8日发表的《面向世界的浦东开发——为浦东开发开放五周年而作》一文里再次为浦东开发点题，说到：浦东新区以人为中心，实现社会、经济、形态开发高度统一的开发思想。

注重社会发展是浦东开发的胎记,与生俱来,且贯穿始终。这不仅提高了浦东开发的辨识度,也毫无疑问地成为浦东的软实力。

第一节

持续追踪社会发展的轨迹

1993年的浦东，一切都刚刚开始，社会治安方面治理机制不全。有一时期的特殊问题居然是居民的自行车经常被盗。不要说晚上不敢让自行车在外面过夜，就是大白天，最短的仅仅在外停放几分钟，车子就被撬锁或被剪断锁链偷走，甚至出现了自己的车被偷，就去偷别人的车来弥补的现象，形成了恶性循环，以至于最严重时，所有的居委会都反映有居民被盗车。

一些来沪后没有找到工作又居无定所的外来务工人员，即当时被称为"社会盲流"的人，还以拾荒为名对动迁户明抢暗偷，有的甚至依仗人多势众，谁阻止就打谁。陆家嘴桃林小区进才中学动迁基地中，居民动迁进度还不到三分之一，就涌来几百名这样的外来务工人员，以回收废钢铁为由，乘机盗取居民的物品，个别的甚至于连尚未切断电源的电线都敢剪断拿走，而且这些人还分帮分派，划定地盘，在争抢和分赃不均时发生斗殴事件。[1]

这些情况经过社会发展局的《社会发展动态》反映，

管委会当即雷厉风行地要求将自行车棚列入公建配套项目，按每户0.75平方米的标准兴建；要求街道乡镇加强外来人口的居住地管理，拆除出租给外来人员的违章搭建，落实出租户的治安责任。

那个时期，社发局不间断地请一些学者到浦东讲学，并且把他们一些富有思想见地的金句通过《社会发展动态》加以宣传，如"一个城市可能因经济而强大，更有可能的是因文化而知名"、"多造学校意味着少造监狱"等等。

对社会发展思想理论的研究和渴望，成了那个时期社会发展局同仁的共同行为。为了能持久地从理论和实践的结合上推动浦东的社会发展，1994年底，浦东社会发展局和华东理工大学等单位联合发起，并以董事会的形式创办了社会化的研究实体——浦东华夏社会发展研究院，聘请了夏征农、龚育之、王元化、尹继佐、王行愚等为高级顾问，并成立学术委员会，著名社会学家邓伟志任主任。研究院的经费主要来源于董事单位筹集的基金及会员单位缴纳的会费，此外，还接受国内外企事业单位和社会团体的捐助。[2]

该院实行董事会领导下的院长负责制，我担任了首任董事长，华东理工大学的鲍宗豪教授任院长。他对社会发展研究充满了热情和执着的韧劲，时年 45 岁的他正值壮年，精力充沛，思想活跃，不仅对浦东，而且对国内国际的社会问题都广为关注，都充满了涉猎的兴趣。

研究院采用的是"小机构，大运作"的模式，只要有合适的课题就组织各方能人贤达一起研究，多年来对浦东的社会发展即时性和长远性的问题进行跨学科的综合研究，为政府及有关部门提供决策参考意见，鲍宗豪院长本人也成为了浦东社会发展研究的持久的守望者。

研究院立足浦东，但并没有局限在浦东，多年来一直致力于研究转型时期的社会治理路径。更可贵的是，研究院的课题并未停留在学术层面，在浦东开发热潮里建起来的这个研究院，始终坚持了建院时的宗旨，即关注现实，给予专业工作者以专业建议，所以经常能敏锐地发现现实社会进展中的热点，开展操作性研究。其中较有影响力的是研究形成了《上海文明社区指标测评体系》，进而又研究形成了《全国文明城市测评体系》等一大批为政府所高度重视并投入运用的成果。2002 年，浦东华夏社会发展研究院更名为上海华夏社会发展研究院。

浦东开发初期，应该说上海市乃至全国，研究经济问题的机构多如牛毛且受到青睐，而研究社会问题的机构虽然也不少，但是并没有像研究经济问题的机构那样引人注目。那时在不少人的心理键盘上总有一个默认键，就是只要经济搞上去了，社会发展问题自然而然就解决了，所以工作的编程上总是先生产后生活，先污染后治理，先经济后社会等。反映在各级政府的工作报告中就是，既有经济发展的内容，也有社会发展的内容，但是在标题上几乎都叫作"经济社会发展报告"。这里不说语句语法上表述的到底是经济和社会发展的报告，还是经济社会发展的报告，因为可以把经济社会理解为是与政治社会、文化社会等的对应物；其实，这里恐怕有一个"下意识"，就是把社会看作是经济的衍生物，是经济带出来的社会。其实，经济是经济，社会是社会，两者是不能混同的。经济与社会之间有一个如何协调发展的大问题在里面，关系到国家的硬实力和软实力的问题，经济与社会之间那个"和"字，还是不省略为好。

社会发展局在部门内部的务虚会上议论到局的宗旨，社会发展局作为全国唯一一个具有全新职能的行政部门，其工作应该围绕什么展开？大家只有想清楚了，看明白了，才能抓住工作主线，不迷失方向。结论就是：围绕人的自由全面的发展，推动社会的全面进步。

真理很朴实，所有的发展都是为了满足人民群众对美好生活的向往。

人是社会的主体，没有人的自由全面发展，就无所谓社会的发展。所以要研究人，要以人为本。研究人不是抽象的，而是具象的。物以类聚，人以群分，人是有需求的，既要研究弱势群体，也要研究强势群体；既要研究老人、妇女、儿童、残障人士等的需求，也要研究成功人士的需求，更要研究不同利益群体之间的利益平衡协调机制，即研究人与人的和谐共生问题。还有，人是具有社会性的动物，人不能须臾离开其所依赖的社会关系。地震、洪水等自然灾害以后，为何有人逃过劫难后还要自杀，就是因为社会关系没有得到及时的重建。

浦东大开发给社会关系的维系和重建提出了新课题，如下岗待业的人群失去了老单位的关系，动迁的人群暂时会失去老邻居的关系，尤其是被征地，移居到城市的农民不仅失去了集体经济的关系，而且失去了乡邻乡亲的乡土关系。如何动态化地重构人际间的社会关系，使得人与社会和谐相处，建设一个积极向上、生生不息的社会生态环境，这是浦东开发不可推卸的历史使命。

"千里之行，始于足下。"为了知道我们从哪里出发，为了知道我们走到了哪里,社会发展局联系了复旦大学,于1993年开始了对浦东新区社会发展的追踪研究。他们每年面向浦东居民发出一份千户调查问卷,其中有80%的发问,每年都是相同的,而其中20%的问题是动态随机的。到了1995年,更是成立了浦东—复旦社会发展研究中心,旗帜一举,上百位专家的智慧汇聚在了一起。

当时的社会发展局主管这项事务的副局长马伊里长期从事民政工作,不但具有社会事务的实际操作经验,而且是一位勤于思索,善于思索,具有人文情怀的女同志。她一头短发,说话风格和办事作风都属于犀利型的,对于认准的事具有百折不饶的韧劲,可谓认识上清醒,立场上必然坚定。

且说那千户调查的题目涉及到环境、人口、经济、生活、教育、文化、治安、心理、价值观等相当多的领域,1993年的问卷题目就设计了95个项目,近200个问题。调查工作发动了复旦大学社会学系、新闻系、中文系、经济系等近百名学生,结果使调查者和被调查者都高度兴奋——调查者为身临浦东这个实验课堂,能掌握第一手具有历史意义的人文资料而兴奋;被调查者则为在浦东开发之初,就能看到党和政府倾听居民对美好生活的所思所盼这种态度而兴奋。

在回答"新区第一年,你对政府工作总体评价"时,71.8%的群众认为政府尽了努力或很大的努力。年龄越大、文化程度越高的人群对政府工作评价越高,党团员、民主党派人士则比一般群众对政府工作评价偏高点。在回答"93年新区是否达到了一年一个样"时,有63.7%的群众认为达到了,只有6.5%的群众认为没达到。在被问及"93年印象最深的三件事"时,71.8%的人提到了杨浦大桥,34.6%的人提到了杨高路通车,11.1%的人提及到东方明珠电视塔,也有一些群众把物价上涨、治安状况不佳、社会风气下降、卫生工作不好等作为印象最深的事件列举。在问卷中涉及了这么一个饶有意思的问题:"如你有机会迁住浦西,你愿意吗?"竟然有49.7%的人明确表示"不迁",浦东开发一宣布,竟然一改前几年"宁要浦西一张床,不要浦东一间房"的陈旧观念,当然也有一部分人表示犹豫不定,有15.4%的人表示立即就迁。通过进一步的分析后得知,年龄与迁移具有较强相关性,一般年龄越大越不愿意搬迁。政治身份与迁移似乎也有一定关系,无党派群众比党团组织成员更愿意迁往浦西。人们对所居住地区的国际地位评价,是测量该地区社会发展程度的一个重要指标。在对浦东目前国际地位高低的评价中,57.3%的人认为浦东目前的国际地位是较高的,只有8.3%的人认为较低。再细分人群就发现,年龄与国际地位评价成正比,年龄越大,评价越高,而文化程度与国际地位评价成反比,文盲程度的人群里有56%的人认为浦东国际地位较高。

一直以来,党中央都强调,社会主义不仅要实现经济繁荣,而且要实现社会的全面进步。与此相映照的是,问卷调查中居民集中关心的问题都聚焦在了社会环境、生活环境质量如何较快提高上。

在问卷里有一题为"浦东新区社会发展中最急需解决的问题是什么?",可由被访者回答三项。以提及人次排位:1.外来人口管理(58.3%),2.社会治安(56.5%),3.交通状况(50.3%),4.征地动迁(22.9%),5.教育质量(21.7%),6.医疗设施(20.8%),7.公共卫生(19.4%),8.老人问题(14.8%),9.文体设施(8.9%),10.其他(物价上涨等)(6.0%)。从排序来看,外来人口管理、社会治安、交通状况排在前三位,可以看出人与人和谐相处的重要性,可以看出市民对政府提高社会治理水平的要求。之后各项实际上都是对政府补齐社会事业设施的短板,对政府公平分配公共社会资源的期待。[3]

以后，每年一次的社会调查问卷，成了居民向政府反映诉求的一个渠道，成为了政府听政于民的一种手段，一定意义上给新区的社会发展提供了风向标。

开弓没有回头箭，浦东人认准的事一定是一干到底。

与复旦大学的合作使得社发局尝到了甜头，既然实时性和专业性结合的千户调查如此成功，为何不能在此基础上，和复旦的非政府组织继续深度合作，每年出一份对浦东新区社会发展进行全面科学的总结和研究的报告，为浦东的社会发展造像呢？这样既能反映民意，又能向社会咨询，还能记录浦东社会发展的足迹，何乐不为！说干就干，社发局和复旦—浦东社会发展研究中心，会同新区各职能部门，复旦大学、华东理工大学等高校，以及社会学家邓伟志等数十名知名专家学者，开始逐年编写《浦东新区社会发展报告》。这份报告紧紧围绕浦东社会发展的实践，忠实记录浦东社会发展的轨迹，里面所提到的社会实情及其建议，成为了政府决策的一种依据，也为社会学者提供了具有学术研究价值的资料。

1995年出的第一份报告，不仅有总论，还有人口、社会、教育、体育、卫生、文化、环境、劳动力、治安等17个分论，共计30万字。结果，这个被称之为政府绿皮书的

《浦东新区社会发展报告》，连续出了15年。这15年里，马伊里的工作岗位几经调动，但始终关注和操持着这项工作。

　　古人有"三不朽"之说，所谓"立德、立言、立功"。其中，立言很重要。孔夫子述而不作，然一部《论语》影响了多少代人。王阳明的知行合一，首先也是从"知"开始。古人云，"名不正则言不顺，言不顺则事不成"，讲究的是名正言顺。现代人则高度重视话语权的作用。

　　思想不仅有力量，而且对行为有导向作用。社会学家们的说辞有时是正面引导性的，有时却是批判性的，而两种说话方式都有其力量和导向。如讲到慈善捐助，有些捐助者喜欢短兵相接，直截了当，喜欢把受捐者找来，当面发钱物，说是要明明白白，清清楚楚，捐给谁自己清楚、放心。但是，在社会学者们的眼里，这样的捐助方式太原始，甚至流于粗俗。古代的明白人也认为，施于人，但不要使对方有受施的感觉。现代人普遍认为，要悄悄地在别人看不见的地方对他好，才是最高级的善良，因为善良是自然而然的发自内心的本真。帮助人要给予对方最高的尊重，这是助人的艺术，也是仁爱的情操。懂得尊重他人的尊严，维护他人的体面，是对他人最高境界的尊重。越是优秀的人，越懂得呵护他人的自尊心。

正所谓"你让人舒服的程度，决定着你所能抵达的高度"。所以，浦东从一开始就规范了社会捐赠和捐助的办法，没有组织过一次捐助者和受捐者面对面的所谓慈善活动，而是用一系列的社会化机制来支持社会慈善行为。

第二节
社会功能开发的规划研究

1993年底,浦东社会发展局在新区管委会的领导下,正式启动了"浦东新区九十年代社会事业发展战略及规划研究",并在市科委立项。研究项目得到了上海各研究机构和各大高校的高度重视。这个研究项目立足于应用,把战略思想与目标研究、形态规划研究、指标体系研究紧密结合起来,体现战略研究与实证操作相统一的原则,既有总体规划研究,又有教育、卫生、文化、体育、民政等方面的分规划研究,既有理性的阐述,又有实体项目的具体建议和选址建议,更重要的是开创了社会事业设施和城市建设同步规划的先例。

当时的报章上有记者敏感地写道,浦东正在实施一项跨世纪工程,着眼于实施社会功能的开发,以全面提高人民生活质量。

各路专家学者在研究报告中都体现出了理论工作者的思想理性,给了浦东开发者许多前瞻性的思路,也为社会事业具体项目的投资给足了理论依据,而浦东开发者争论较多的是建议项目的必要性和可行性以及落于何地、何时落地的根据。

最后,经过专家和新区规划、土地、建设、财政部门的广泛讨论,报告里确认了九十年代浦东社会事业发展规划的布局方案。国家"八五"、"九五"计划期间,新区将新增105个社会事业项目,所需资金预测将达到百亿元,规划用地11 380亩。其中教育项目48个,用地6 480亩,资金预测34亿元;卫生项目20个,用地925亩,资金预测11亿元;民政项目21个,用地873亩,资金预测14亿元;文化项目6个,用地582亩,资金预测11亿元;体育项目10个,用地2 520亩,资金预测近20亿。自此,整个九十年代社会事业发展需要多少资金、多少土地,新区政府做到了心中有数;由此会出来哪些新设施,将带来哪些社会新变化,产生哪些社会新功能,将给市民带来哪些新体验,社会各界都有了明确的预期。[4]

新区的有关部门都全程参加了研究所必经的调研、讨论、评审等环节,因此,规划研究的过程也成了浦东开发者思想认识再提高、再统一的过程。

当年,时任卫生部副部长的殷大奎,携部里的医政司、防疫司,以及时任上海市副市长谢丽娟、市教卫办和市人大教科文卫委等领导就卫生发展规划进行评审。虽然各方都充分肯定了课题报告，但大家反复强调的依然是我国卫生事业的性质是公益性的福利事业，卫生事业可以适应市场，但不可以推向市场。

仅此一点，对照现在卫生医疗领域的一些问题，还是不无启发。

规划是有思想的，有思想的规划才有立意高度。打开该规划，开宗明义就提到，经济开发不是在真空中进行的，经济总是在特定的社会人文环境中开发的，而这个社会人文环境就是经济开发的大环境。

规划特别强调了浦东社会发展战略是根据社会发展以人为中心，注重人的基本需求和满足人的素质提高的理论，把握总体发展目标和根本任务，对各种社会事业作出中长期的筹划。后面着重从三个角度阐述了社会发展与经济开发的正相关关系。

首先是，人力资源是经济开发的决定性资源，人力资源的素质一定程度上决定了经济开发的质量。现代社会的发展使人们的发展战略观发生了变化，传统的发展观以经济增长为追求目标，甚至于误认为经济增长了，社会自然而然就进步了，而实际情况是增长不等于发展。六十年代末七十年代初,许多国家发现片面追求经济增长的发展战略,不注意经济和社会的协调发展,忽略社会的和谐及全面进步就会失去经济发展的后劲,而以人为中心的社会发展战略不仅能为经济发展指明方向,而且能为经济增长提供持久的动力。

其次,与人的全面发展相关联的教育、卫生、文化、体育、环保、法治、治安等社会性指标,是经济开发不可或缺的社会投资环境。浦东开发从一开始就没有把社会发展所必需的社会事业投资看作财政负担,相反,新区的领导者一直清醒地认识到,中央支持浦东开发的一些特殊税收政策,虽然增加了招商引资的吸引力,但真正的投资环境是地方的社会发展水平,而不是其他,况且开小灶的特殊政策不可能一直存在。所以,浦东提出的功能开发,是浦东作为将来的国际大都市的城市功能开发,是服务于人的全面发展的社会功能开发。

再次,要逐步建立和完善法治体系。因为市场经济是法治经济,所以浦东的社会发展要着力于改善政府的行政方式,革除计划经济遗留下来的行为习惯,理顺政府和社会组织、政府和市场主体的关系等。

第三节

用规划控制土地，落实预算

这次规划研究是有深度的，这不仅在于思想理念上的深度，还体现在规划涉及的地理、物理层面上的深度。根据新区管委会的要求，新区社发局一开始就强调规划要深入到经济开发区，深入到村镇街道。

因为社会事业发展规划落地，必定会优化投资环境。

当时的四大开发区的头儿都是有战略眼光的当家人，如陆家嘴金融贸易区的王安德提出了用国际智慧做规划，因为一个好的规划可以管一百年，可以坦然面对未来的审视。

现在回头看陆家嘴的形态规划，沿江部分有宽阔的滨江步道，有80至200米建筑后退形成的市民亲水空间，告诉你什么叫生态友好型，向你诠释人与自然和谐相生的景象。小陆家嘴内的建筑高度，从80米到200米，到250米，再到400米，构成错落有致的建筑天际线。简洁的空中连廊将几个主题建筑相连接，为行人的穿梭提供了便捷。这里既有三栋超高层的摩天大楼，又有10万平方米的大绿地，彰显出落差对比的城市韵律。

当然，规划、建筑一定意义上也是遗憾的艺术，都有一定的时代局限性。如果今天来规划，也许楼宇的地下联通和地面道路的交通组织会做得更合理，不会无奈地出现陆家嘴环路；也许烂泥渡路的路名会作为历史标记被保留下来，不会改成银城路；也许小陆家嘴内的业态会更具多样性，商业、文旅和金融更加互补共生。

浦东的建设者是与时俱进的，这些具有新时代感的思想现在都在前滩地区的规划里体现了出来，前滩将又是一个金融贸易商业新城，和陆家嘴形成双城效应。

开发公司的老总们平时接触的大都是投资商，洽谈的都是土地价格、厂房租金、税收优惠政策等等，而有一次一位跨国公司的代表向时任金桥出口加工区总经理朱晓明提问道："你们金桥的教育环境如何？"这让他很感意外。他当时就敏锐地意识到，出口加工区不仅仅是一个工业园区，也是一个中外投资创业者的生活园区，他们的孩子需要就近上学，享受到优质的教育，他们希望就近享受到一流的医疗保健服务，他们同样需要园区生活圈内有一流的文化体育设施等，他们中一定很少有人愿意在钟摆式交通中耗费掉大量的非工作时间。

因此，朱晓明感到金桥的规划不能是一个简单的生产园区规划，而应该是一个"城市规划"，他感到在总体规划之下，至少要有基础设施规划、产业发展规划、社会发展规划。在基础设施"七通一平"普遍化的年代里，金桥规划的是"九通一平"，富有前瞻性地增加了VAST通信和集中供热。

难得的是他主动配合社发局做了一个4平方公里的社会发展规划，这也是当时全国唯一一个在生产性的工业园区里将社会发展规划与工业用地规划同步进行的经济开发区。于是，社发局联合复旦大学，经过五个月的深入研究拿出了全国第一个开发区中的社会发展规划。

放眼现在的金桥，无论是享誉全市的碧云国际社区，还是中福会幼儿园、平和学校、协和国际学校、中欧工商学院，以及华山医院浦东分院，都可以看到这个规划的痕迹。

由于把产业园区规划当作城市规划来做，所以金桥园区内的道路名也富有诗意的色彩，红枫路、黄杨路、蓝天路、白桦路、黑松路，五原色齐全。

社会发展规划没有忽略农村，当时就以顾路乡民健村为点，帮助这个自然村落做了地区的社会项目形态布局设计，又以蔡路乡作为一条线，进行了教育改革综合配套实验方案的设计。潍坊新村街道特邀华东师大社会学专家，开展了潍坊社区1995年至2005年社会发展规划研究。这样的点、线、面的社会发展规划研究，发生在1994年的开发区，发生在土地开发、经济开发如火如荼的当年，现在回过头来看的确相当具有前瞻性。

"罗马不是一天建成的"，城市建设过程漫长，但是城市管理却是渗透在日常生活里，相比于城市建设，它更是任重道远，更会被人们所感知。

规划是什么？从城市管理的角度看，它是基因。如果按照城市建设的角度看，其顺序当是"规划、建设、管理"，而实际运作时恐怕要按照管理的需要，从管理的视角去指导和审视规划，因为一旦先天性的规划不科学，导致了城市管理的难题，那么要靠后天的城市管理去弥补，可能会付出很大的代价。正因为如此，重视规划的浦东开发具有不一样的高起点，具有登高望远的不一般的气势，更加契合了浦东面向太平洋、面向新世纪的整体布局。

参考文献

[1] 浦东新区社会发展局:《社会发展动态》1993年第26期。
[2] 浦东新区社会发展局:《社会发展动态》1995年第28期。
[3] 浦东新区社会发展局:《社会发展动态》1993年第27、28期。
[4] 浦东新区社会发展局:《社会发展动态》1993年第25期、1994年第35期。

第三章

穿新鞋走新路——社会事业的初期改革

浦东新区的委办局都是高度集约的建制，穿新鞋走旧路难免不顺，只有走新路才有可能把前面的路走通，走顺。

第一节

敢于创新的"三件套"

面对着新区快速增长的对社会事业设施的需求,光靠政府的财力难免捉襟见肘,为此,新区坚决不走寻常路,敢于创新,善于创新,他们首先想到的是社会事业必须要靠全社会的力量来办,不仅要招天下之才为新区所用,而且也要集天下之财为新区所用。

1. 基金会

政府也只是社会的组成部分,用全社会的力量兴办社会事业才是王道。

在金融还基本上按计划经济模式监管的背景下,经新区管委会授意,社发局揣着忐忑的心情,凭着"新区不特而特、新区新事新办"的说辞,找到中国人民银行上海分行主管部门。想不到时任金融管理处处长王华庆一腔热忱,支持浦东成立社会事业发展基金会。

基金会很快获批后,社发局即调动一切社会关系向社会有识之士广发"英雄帖",短短几周近千万元即刻到账。

1994年,基金会正式挂牌了,新区的当家人赵启正要为基金会找一个合适的"大掌柜",他想到了刚从市委领导岗位上退下来的市纪委书记张定鸿。这是一位一身正气,办事一板一眼,处事严谨较真的老同志,有这样一位老同志做基金会的掌门人,他就可以对资金运作的安全放心了。

实际运行的情况也是如此。在张定鸿老同志的主持下,在当年推进浦东社会发展的舞台上,不时活跃着基金会的忙碌的身影。1994年,基金会在全区开展了"爱满浦东"送温暖系列活动,局团委配合这次活动,组织了12所中学的近2 000人次,举行了为期一周的"奉上友爱的心,伸出援助的手"——学生暑期为社会发展事业募捐的社会实践活动。当年的浦东市民,用新奇的眼神看到每天数百名团员、少先队员冒着酷暑,身穿印有"上海浦东新区社会发展基金会"字样及徽记的白汗衫,戴着印有同样标记的太阳帽,在陆家嘴路、东昌路、民生路、上川路四个轮渡口及部分车站、菜场,向过路行人发放宣传资料,赠送精美徽章,动员社会各界为新区社会发展事业捐资,感动了不少热心人,他们纷纷慷慨解囊,献上一份爱心。

这样的活动,它的意义绝对不是以募集的资金量可以衡量的，其真正的价值在于弘扬了一种社会新风尚。

基金会成立的当年，就向几百户最困难的家庭发放了帮困金，为几百名特困儿童、孤儿在基础教育阶段每年提供助学金，为几十家养老院送去防暑降温物品。基金会还出资参与建造东方路无障碍设施等。基金会既严格按法规按章程行事，又在市场经济的大潮中适应腾挪，使得基金在开始的一两年里快速增值，并及时地将基金用在大量的雪中送炭的社会需求中，为新生的浦东社会事业默默地增砖添瓦。

2. 投资经营公司

浦东新区社会事业发展基金会还有一个同年诞生的孪生兄弟，就是社会事业投资经营公司。这个公司的主要职能就是盘活存量，做好增量。社会事业的存量土地房产，一旦要进入市场，则由这个公司按照市场规则，统一对外谈判，统一运作；对于新增的社会事业设施，由这个公司负责投资、负责项目建设，无需校长、医院院长等去操持那些他们本不擅长的项目建设之事，让那些项目变成交钥匙工程，使得校长、院长等可以心无旁骛地投入到他们熟悉的业务工作中去。

3. 配置市场

新区创业，百业待兴。当时社发局所属有500多家事业单位，且多嗷嗷待哺。当时的400多所学校，每年要配置的教学设备至少几千万元，而44家医院每年在社会上采购的药品高达几亿元，每年的基建工程项目也有几个亿。各路供应商为此纷纷找上门来投石问路，运用各种方法推销产品，争取项目。一段时间下来，作为主管部门的社发局发现，有的医院的领导，公务用车升级换代了，到国外出访频繁了，又听到有的医院医生抽屉里有红包了，随之开大药方的多了，专门开一家厂家的药品的现象多了。怎么解决这个暗中的猫腻？进行针对性的教育，进行不时的检查当然不可缺，但未必能治本。想治本还是要创造一个公开透明的采购环境，把公务采购放在阳光下。

主体的"不想"、"不敢"，是主观层面的约束因素，而"不能"是不可或缺的客观制约。

如何用市场化的手段来合理配置资源，让有限的社会事业资源得到最佳组合，如何将事关公益事业的采购不被私利所玷污？为此，社发局根据"阳光是最好的防腐剂"的思想，想到了要进行模式革新，研究了一个"社会事业资源配置中心"的方案，报新区党工委、管委会审批，党工委、管委会很快同意了这个新设想，此想法也得到了时任副市长谢丽娟的支持。

经过几个月时间紧锣密鼓的筹备，1994年11月28日这一天，坐落在浦东大道814号的，一个全部采用电脑作业的社会事业资源配置市场正式开张了。这是上海首家综合性的以市场手段配置社会事业资源的市场，社发局决定将这个中心委托社会事业投资经营公司负责，尝试用市场化的手段来合理配置学校、医院、民政、文体领域的主要运作资源，以及人才、设备、信息、技术、不动产等。

社发局明确配置市场的功能和交易流程的设置，在几千平方米的营业大厅内，除了医疗资源的配置以外，市场还为人才交流、劳务、设备调剂等预留了14个大类的中介服务项目，以期通过这个配置中心，为浦东的社会事业人尽其才、财尽其用、物尽其流助力。为了使得社会事业运作的有关信息在此汇集，从惠普公司引进的24台计算机半年内到位，组成了当时可谓高速度的信息处理系统，每天有几十万条信息交汇，客户可便捷地搜寻到自己所需的信息。

社发局规定，新区所有的医院需要采购药品、医疗器材都要在这里公开进行，所有的想把销售渠道建在浦东的供应商，都要到这个公开市场开展销售活动，主动提供交易信息，做到价格公开，公平竞争。该中心配备了专门人员对入场单位的交易信息进行处理，以便查询，另外将未入场的供应商的相关产品信息同步录入，以备采购双方比较参考。[1]

这个配置中心成立于上世纪九十年代早期，其时全国包括上海还没有同类的机构和运作机制，这在新区各个层面引发了不小的震动，毕竟这是过去从来不曾有过的新举措。新举措难免会引出各种疑问，人们的习惯性思维总会对新事物提出一些意见：这样公开建市场是否违反了全国关于不能建立药品市场的规定？新区的领导们了解社发局的初衷，对于有关方面的疑虑，新区主要领导要求新区纪委派员进驻市场，尤其是当中央纪委有领导到新区视察、考察时，党工委还特意安排到这个配置市场调研。纪委方面充分肯定了新区的立足于一流的开发，一流的党建的思想，肯定了建立防腐高压线的思路。医疗资源采购的公开，有效防止了社会公益性医疗机构的暗箱操作，把采购谈判从主事者的办公室、酒店的宴席上拉回到众目睽睽的阳光下，此举不知道避免了多少人触碰贪腐的高压线。

一年后，新区44家医院，90%以上的药品都通过"配置市场"的信息服务来采购，供应商集中，采购渠道畅通，购销双方的行为日趋规范，未发现一起假劣药品流入配置市场，药品价格也有所下降，也未发现采购人员收受个人好处的现象。

有了这个公开的配置市场，活跃在浦东的几十家建筑单位通过资质审查进入市场，当时的社发局系统近十亿元的工程项目通过公开招标择优选择到了合适的施工方。

通过市场竞标，学校教学设备采购的性价比更加合理，同等的采购量下，采购经费也出现了下降。[2]

那年，上海市纪律检查委员会召开会议，浦东新区监察局和社会发展局联合撰写的《紧密结合市场经济特点，切实加强医院药品采购工作中的廉政建设》一文被列为会议交流材料，市纪委对浦东的做法和取得的成绩给予了充分肯定。新区纪委旋即在社会事业资源配置市场，召开"从体制、机制、法制方面加强党风廉政建设"工作交流会。社会发展局和社会事业投资经营公司、东方医院分别从不同角度介绍了改革思路、做法、运作方式。

到 1995 年 5 月，新区社发局系统的由财政资金投资的社会事业项目，都被要求进入配置市场统一亮牌，公开选择建筑施工队伍，首轮进入市场的 32 个建筑施工单位通过公开竞争，获得了竞争项目的承建资格。经过资质审查的施工单位进入市场，可以从配置市场获取项目信息，实行基建单位和工程施工单位双向选择，使得工程项目、财政资金、施工队伍得到最佳配置。[3]

现在，政府公开采购已经成为了一种法定行为，且操作程序成熟规范，但把时间退回到上世纪九十年代前半段，这种第一个吃螃蟹的行为还是需要有责任担当的。十几年后，上海市财政局开始实施政府采购方案时，没有忘记浦东当年的探索，还是非常珍惜浦东当年积累的一些经验体会，在对有关操作者进行业务培训时，特地请了当年社发局派到市场里主持工作的曹英给大家讲课。这是历史对敢于创新者的褒奖。

第二节

教育事业没有轻车熟路

人都有惯性思维,轻车熟路是最舒服的,可惜浦东的教育事业的车不轻,走老路则跟不上社会百姓的需求,也不符合浦东开发开放的性格。

每个家庭对子女教育都殷殷期待,都想让子女受到最好的教育。从面上看,有限的优质教育资源和全民对优质教育资源的期盼之间存在矛盾,全社会都在呼唤教育资源的公平分配,大家都会说,基础教育应该公平,不能让孩子输在起跑线上,可现实是小学、初中的义务教育资源良莠不齐是一个客观存在。

当年在社发局内部会议上讨论时大家畅所欲言。面对浦东既无亮眼的精英学校,基础教育部分的中小学又良莠不齐的现状,有的同志主张现代化的浦东需要精英学校,有的同志主张要立足于办好每一所学校,不能把精力太多地放在扶持重点学校上,新区不能演绎"马太效应"。他们认为,重点学校虽然为浦东撑了门面,但从一定意义上说,是优质生源滋养了重点中学。我们不能满足于教了会读书、能读书的孩子读书，而应化更多资源教不会读书的孩子读书。要更重视素质教育，有教无类才是教育的真谛。一些同志感叹道，浦东虽是上海的一个区，可是它的义务教育资源大部分是上海市郊的基础，仅有的较优质资源是黄浦区留在浦东的一小部分，要在短时间内添平补齐不容易，且离开浦东市民对浦东开发的教育期待相去甚远。

1．"三名"工程

加大对教育的投入是管委会领导们的普遍共识，这种投入不仅是硬件，也包括校长和教师资源等软件。在社发局统管的社会事业里，教育也是排在前面的。其时，社发局在内部多次研讨会里对浦东的教育资源作分析，认为浦东的教育落后于浦西的市区部分，这体现在校舍设备的差别上、校长和教师的师资质量上，而且浦东还缺乏高校，上海海运学院仅是唯一。尽管浦东学校的硬件不达标，大家却普遍对师资质量更感到焦虑，因为知名的校长和特级教师人数稀少。有些校长是从浦西学校的中层干部中紧急提拔调动过来的，一些学校的骨干教师也是从浦西学校的二三流教师中抽调过来的，不少学校连一个高级教师都没有,更有在建、已建的学校还没有落实师资。

面对现实,浦东社发局清理思路,提出了理清政府和学校的职能分工,开展加速培养和引进教育人才的名校长、名教师、名学校的"三名"工程,明确了多种模式办学,引进大学到浦东的工作方向。

在理清政府和学校职能方面,社发局意识到,校长具有办好学校的主体责任,而政府的职能是办好教育,管好教育。社发局的教育处,等于浦西各区的教育局,但是就公务员数量而言,比原川沙县教育局少一大半,才十几个人。显然,精兵必须简政。哪些该由政府管,哪些该委托社会中介机构管,哪些该充分授权给校长管,应做到职责清晰,各尽其职。

在开展"三名工程"方面,社发局把重点放在优秀校长的选拔、培养、引进上。建平中学当年的冯恩洪校长多次被局领导请到局里和教育处的顾静宇、陈伟、许建山等一起讨论办校方针。冯校长是一位有办校经验,有办校雄心胆略,有办校思想的名校长,他自信地讲道:"有一位好校长,意味着会有一所好学校。"他提出了"合格+特长"的培养目标和"人人都得到发展"的教改思路,谈吐中透露出一种担当精神。新奇的事情是,那年在浦西的兰心大戏院举行了电影《世纪桥下》的首映式，这是一部由中国儿童电影制片厂拍摄的电影，以细腻的笔触反映了建平中学十年教改的丰硕成果，而冯恩洪带领他的学生扮演了影片中的主要角色。

名学校不能或缺名教师，名教师主要靠培养。在1994年召开的新区教育工作会议上，新区管委会提出了中青年教师培训工程，规定凡是35岁以下的中小学教师，到本世纪末都要通过业余或脱产进修，达到大学本科或专科学历水平。培养骨干教师1 000名，学科带头人100名。到1997年，培养管理干部500名，其中100名完成硕士课程，30名取得硕士学位。新区还解放思想，积极研究激励机制，让优秀教师在多个学校"走教"，并且和升级、薪资待遇、荣誉称号挂钩。远水不解近渴之际，新区向全国招贤纳士，引进优秀教师。新区懂得既要以事业留人，也要以合适的待遇留人，积极开展教师安居工程，提出1994、1995两年提供800套合计40 000平方米住房，解决教工住房困难，从1995年起每年投入5 000万元，改造教工住宅，到世纪末争取教职员工的人均住宅达到10平方米。新区提高教师待遇的种种举措，意在向全社会表明，教师这个职业是太阳底下最光荣的职业。[4]

2. 多模式办学

在办学模式上，社发局积极探索多层次多样化的方针，即大力鼓励社会力量办学，出台各种鼓励民办学校的措施，推动私立公助学校上马。

浦东当时属于外语人才紧缺之地，浦东开发吸引了越来越多的海外投资者，常驻浦东的外方人员与日俱增，而浦东外语人才的数量和质量已经成为影响投资环境的一个因素。1995年11月，由上海外国语学院、新区社发局、张江高科技园区共同筹建的特色外语学校，也是新区第一所全日寄宿制的以专门培养多种外语人才为目标，以教育、培训、实践为一体的普教、职教相结合的重点专业学校，在张江高科技园区举行了开工奠基仪式，这也标志着张江园区对科研、教育功能的重视。该项目一期投资中，有社会人士的捐赠，有政府的规划支持，有张江公司负责征地、"七通一平"等各项费用。浦东外国语学校建成后，基础教育、职业教育、国际教育三箭齐发，很快就成为全市一家莘莘学子争相报考的名校。

1995年新区教育工作会议以后，新区的金童小学、小白鸽幼儿园、外高桥民办中学等社会化办学的样本如雨后春笋般产生出来，这些学校不少都由个人承办，而校舍、设备则是政府提供的，日常的办学经费由收取的学费开支，自负盈亏。新区还鼓励企业办学，上海炼油厂子弟小学和外高桥保税区实验小学都属于大型企业自主办学，校舍、设备、经费都由企业负责，教师由企业向社会招聘，学生基本为职工子女，这在一定程度上缓解了浦东开发早期面临的学校教育设施不足的压力。

新区教育部门素有后来居上的雄心，有教无类，他们不仅在义务教育上发力，还大力发展职业学校。当年黄浦区土地上留下的东辉职业技术学校本来基础不错，东辉的当家人又对职业教育事业情有独钟，只是苦于校园太小，难以招收更多的学生入学，而考虑到入学对象的家境条件，当年浦东的交通设施又不完善，学校方面希望在陆家嘴地区由政府划拨土地建新校园。当时陆家嘴的土地基本上都控制在陆家嘴公司手上，这些土地实际也是他们实行滚动开发的养命钱。但是浦东开发的新理念也植根于各大开发公司领导们的心里，当时的陆家嘴公司分管领导张哲，义无反顾地支持教育事业，让出金贵的土地给了社发局，新区财力拨款近一个亿，这样东辉职校在陆家嘴生根发芽了，校舍面积一下子变成了45 000平方米，拥有了125个标准教室，还有了3 000平方米的图书馆，并配有供学生实习用的实验宾馆以及设施齐全的体育馆、足球场、学生宿舍。在教学上，学校方面首创了多种证书制度，强化学生的技能训练，提倡一专多能。多年以后，东辉职校成为了上海职业教育的示范性窗口。[5]

新区管委会成立后，并非只是开发商"一江春水向东流"，浦西有名牌效应的学校也过江扩展地盘。社发局顺应其势，联合浦西的大学过江联办学校，首先是华东师范大学与新区的东昌中学实行联办，将东昌中学办成为华东师大附中。1993年的一天，时任华东师大校长张瑞琨带领教务长等有关人员到东昌中学，就有关建立联合办学委员会、师资队伍建设、大专班的招生及课程设置等与东昌领导班子进行讨论。双方决定委员会由双方有关领导和教师代表联合组成，聘请一些特级教师组成顾问小组。作为华东师大的附中，张瑞琨校长希望三到五年内要达到或接近市重点中学水平。东昌的时任校长胡福臻坦言，目前学校特级教师在教师队伍中只占百分之十几，其中相当一部分还是校行政班子成员，而市重点中学高级教师比例一般都占到40％左右。于是双方商定在大学生分配方面，华东师大对东昌予以照顾,华东师大自当年起从市重点中学青年教师里招收在校研究生,给予东昌中学两到三个名额,再请华东师大二附中支援一到两名高中把关教师或返聘一些退休骨干教师支持东昌。双方在浦东高起点开发的背景下,在思想和措施上达成高度共识,为联合办学开了先河。在这个示范效应下,上海师范大学则与浦南中学联办,华东理工大学与洋泾中学、福山路小学、冰厂田幼儿园结为外语一条龙教学,复旦大学与高桥中学联办,利用大学人才优势为浦东培养中高级人才,而建平中学独辟蹊径,与陆家嘴金融贸易区联办中专,学生毕业既有高中文凭,又有中专文凭。这些措施都极大地推进了名学校的产生进程。[6]

在那段起步艰难的日子里,为了让办学能人人尽其才,社发局积极鼓励校长个人承办学校。当年,原南汇县的一位学校副校长倪中华就在新区鼓励下,大胆承办了明珠小学,社发局赋予校长决定师资招聘和办学模式的权限,办学经费实行大包干。多模式办学给教育行政部门提出了许多新课题,社发局教育处作为行政主管部门大胆探索,向自我挑战,在办学资质审查、办学质量评估、办学收费标准制定等方面都作了积极的配套性的应对。

3. 吸引大学过江

然而，引进大学和浦东的中学联合办学并不能改变浦东缺少大学的现状。为此，新区抓住机遇，和时任上海交通大学校长翁史烈商量，联合欧洲的名校在浦东金桥建一所中欧国际工商学院，弥补了浦东缺一流大学的不足。

时间来到了1999年，上海的高校都产生了扩建校区的极大动力，以满足扩招学生、开展科技研发等需求，上海的高校正积极酝酿来一次布局调整。市里组织了专门力量，启动了松江大学城项目，此事由市委、市政府分管领导亲自挂帅，两位副秘书长负责协调，市教委直接操办。松江大学城的兴建，进一步勾起了更多大学扩张的欲望。由于松江大学城规模有限，这块蛋糕很难满足这么多高校扩建的需求，于是不少高校敲响了浦东之门，要求给予规划、土地与资金的支持。按行政分工，区一级教育部门一般是不负责高等教育的，而新区的区域经济功能和社会功能开发又十分需要大学在浦东布局，于是新区区委、区政府将引进大学的任务交给了社发局。

时任社发局局长马伊里深感责任重大，相对于松江而言，浦东引大学过江这件事显然不是"父母之命"，也谈不上"媒妁之言"，全凭着"自由恋爱"。愿不愿意过江，在哪里落户，给多少土地，新区财政给多少银子补贴等，都靠浦东与校方磨嘴皮子。说是"自由恋爱"，其实也是相对的，已经有意向落户松江的大学，浦东是不能横插一杠子的，浦东是上海的一个区，要服务于上海的整体布局，而既然大学有扩建或移址的动力，浦东也可以顺势而行。所以新区领导要求社发局少说多做，只做不说。因此，马伊里只带了一个教育处的副处长和有意向东移的大学谈，约定即使谈成了也不宣传，不报道。

其实对于浦东要不要大学过江，市里有关方面和新区当时意见也不尽一致。浦东也有一些观点认为，浦东原有规划里没有大学的安排，第一轮开发后已经推高了地价，且第二轮开发的土地、资金依然紧缺，而区级财力、土地投入后建成的大学资产并不归浦东所有，大学一般也不产生税收。

为此，马伊里他们查看了有关国内外的资料，提出了大学有快速集聚人才的功能，教师和科研人员可以为几大开发区赋能，大学带来的一批批年轻学子对周边地区的年龄结构、消费结构、人文环境都会产生积极的影响，学校周边的房产租赁市场也会进一步活跃。浦东经济高速发展，但文气、才气并不充足，各开发区产、学、研配套中，"学"和"研"的功能是严重的短板，此次上海的大学布局调整，高校扩张的时机，浦东应该抓住这个机遇，引智东进，这是一件利在当代、功及长远的好事。于是他们制定了"围绕功能，贴近产业，应用为主，融合社区"的十六字方针，提出了大学引进的总体方案，经区委、区政府批准同意后，向包括时任上海市长徐匡迪在内的五位市领导进行了汇报，并且得到了充分的肯定和大力的支持。

此后花了四年时间，浦东竟然一口气引进了上海中医药大学、复旦张江校区、上海电影艺术职业学院、上海第二工业大学、杉达大学、上海金融学院等8所大学。其中上海中医药大学、上海第二工业大学、杉达大学、华东师大二附中浦东校区在同一天奠基开工。

当然其间的过程难免一波三折。在引进的8所大学中，杉达大学、上海第二工业大学、上海金融学院选址都在曹路镇。选址方案一度曾经在唐镇和曹路之间犹豫不决，最后落子曹路有两个因素：一是当时的曹路镇由之前的龚路镇、顾路镇合并，没有支柱产业，经济困难，地价就相对便宜，而且曹路地处外高桥、金桥之间，作为"学"、

"研"两翼辐射的区位优势明显。

杉达最初办学是在金桥公司低价转让的陈旧办公用房里，随着金桥开发区开发用地紧缺，金桥公司提出回购旧房，希望杉达大学另外择地重建校址，可是杉达大学难舍故地，提出在原址扩建，双方各持己见，互不相让。新区领导要求社发局协调，于是社发局提出了曹路方案，新区向杉达赠送400亩土地。马伊里向杉达校长袁济介绍金桥离曹路新址不到10公里，开车大约就15分钟左右。想不到袁校长是个执着认真的人，他掐着秒表开车走了一圈回来抱怨说"不是15分钟，是19分钟"。言辞里满是对金桥原址的眷恋。

二工大迁至曹路，一下子从中心区到了浦东乡下，路途远了但地方大了，用好地段换了大空间。为了让这个引进的新朋友满意，马伊里他们利用双休日开车去浦东看建设情况，把地图铺在车顶上对照现场察看，发现有两家公司的厂房挤压着新学校的校门，使得校门开口窄了。学校建设是百年大计，尤其是新校建设不能留下历史遗憾，尽管土地协调事关切身利益，这个烫手山芋谁也不想碰，但马伊里还是立马打电话给当时的镇长曾爱君，请他出马现场协调，结果他毅然答应由镇里负责动迁厂房来支持学校建设。

第三节
卫生医疗改革有道

生老病死有依靠,这一直是中国人心中的期盼,也是众人对小康社会的朴素理解。显然,医疗卫生事业是人民大众的利益关切。然而医疗卫生体系的完善并不可能一蹴而就,它有一个逐步到位的过程。

1. 建设国家中医药产业基地

1999年前后,有两条新闻激活了浦东人对于中医医学中心的遐想,一是当时的香港特首董建华提出要把香港建成中药港,二是美国将允许保险资金支付汉方费用。

中医药是中华文化的产物,浦东张江作为"药谷",已经有中药研发中心和中药企业落户,应该为祖国传统医药走向世界尽更多的力。所以在引进上海中医药大学时,社发局马伊里他们提出了筹建中医医学中心的想法,把曙光医院一并东迁张江,此想法得到了市、区领导的批准。"家有梧桐树,引得凤凰来。"时间的车轮很快滚到了2006年,新一届浦东新区区委、区政府决定依托中医药大学和曙光医院、药科所以及入驻张江园区的中药企业，将浦东打造成中医药产业基地。时任区长的我，带政府有关负责人专程赴京，到国家中医药管理局拜访了当时的王国强局长。王局长祖籍上海嘉定，国字脸上一对眼睛炯炯有神，作为国家主管中医药的部门首脑，他对振兴祖国中医药产业抱着极大的热忱和希望，他太了解其中的必要性和紧迫性了。他了解中医药的过去和现在，他也了解上海，知道上海人办事的认真和细致，所以双方一拍即合，决定授予浦东国家中医药产业基地的牌子。然而热情归热情，现实归现实，王局长坦诚地说道，论中医药方面的实力，上海未必比得上北京和广东等一些地方，但上海却有科研和产业的优势，现实情况是我国的中药产业在国际市场上所占份额很低，而日本的汉方药在国际上占有很大的份额。与其相比，我们家底厚实，我国是中药资源最丰富的国家，国际市场中70%的天然药用植物来源于我国，然而在产业化方面，现实表现不佳，在药材质量上和中成药、中药饮片的研发上差距不小，中成药在国际市场上所占份额不高，当然也意味着上升空间很大。另一方面，中医药和西药相比，西药就是指药，而中医药不仅只有药，而且有西医没有的

"医",包括推拿、针灸、拔罐、艾灸等手段,这些都应该在现代科技背景下进一步发扬光大。此后,王国强多次造访浦东,视察基地建设情况,给予热情的指导帮助。

据2007年新华网报道,浦东新区宣布,"十一五"期间将提供不低于1.6亿专项资金打造这个基地,这笔资金由浦东科技发展基金和张江专项发展基金共同出资。报道还提到浦东的中医药产业已经有了良好的基础,新区已经拥有53家药品生产企业,其中两家企业生产中药饮片,两家中药企业总部注册浦东,12家企业生产中成药,种类达70余种,部分企业承接多家医院多种中药自制制剂的委托加工。2009年5月,新区入选全国首批中医治未病预防保健服务试点地区。2009年10月,新区又获评"全国中医药特色社区卫生服务示范区"。2009年12月,新区被批准成为全国首家"国家中医药发展综合改革试验区"。2012年3月,新区成为"国家中医养生保健机构准入试点地区"。2013年,新区获批"国家中医药管理局科技成果转化基地"。2017年新区又入选首批"国家中医药健康旅游示范区创建单位",同年12月,国家中医药管理局发布关于推广中医药综合改革试验区探索的典型经验做法的通知,浦东的中医药科技创新体系建设及中西医结合公共卫生服务体系建设的经验在全国推广。

应该说浦东中医药事业的发展给百姓带来了满满的获得感,继曙光医院入驻浦东后,龙华医院浦东分院也在浦东落地。从2004年起,新区的公立医院就实行了倾斜中医的投入补偿机制改革,医生每完成一个中医药服务量,财政补贴15元,以推进区属医疗机构中药饮片处方数及中医非药物治疗项目工作量逐年明显提高。新区陆续开展了中医药便民工程,用三年时间向社区卫生中心补充100名具有本科以上学历的中医师,鼓励社会力量兴办民办中医院、中医诊室,使得浦东居民在20分钟内可以到达一家能提供中医药服务的医疗机构或中药房。浦东还尝试将中医药预防保健纳入公共卫生服务工作,免费提供防病服务,在疾控中心下设中医预防保健科。[7]

行笔至此,不由得脑海里浮起了一位被誉为"轮椅上的天使"的陈海新,这位被国家追授为"人民健康好卫士"荣誉称号的中医人,这位自身先天残缺的周家渡社区卫生中心的医生,每天7点钟到医院,为了多点时间看病人而不喝一口水,用她那唯一稍微灵活些的右手为病人搭脉,遵循花钱少、药效好的原则为病人开方。她在救死扶伤的岗位上顽强坚持了14年,生命定格在了37岁。这位拼命燃烧自己去照亮别人的好医生,其在天之灵看到蓬勃发展的浦东中医药事业,一定也会倍感欣慰。[8]

2. 多元化办医

浦东走的是多元化办医的路子。2003年底,经新区政府批准,社发局与上海蓝十字医院管理投资有限公司签订了浦南医院委托管理协议,开始探索医院的"国有民营、委托管理"的道路。在不到两年的时间里,有留日博士头衔的神经外科专家刘卫东院长革故鼎新,和浦南医院全体同仁一起努力,破除了干部终身制,触动了职工的"铁饭碗"。第一年医院共聘任了61位中层干部,其中新聘61位,落聘9位,全院事业编制711人,签订聘用合同669人,缓签了35人。通过这个双聘,让大家感觉到"今天工作不努力,明天努力找工作"此言不虚。有了灵活多样的人事制度,两年里医院引进了28位具有硕士以上学位、副主任医师以上资质的学科带头人。医院还推行了多种用工形式,员工队伍中有从国外引进的,有借用的,也有借用"外力"实行资源型合作与品牌合作等形式来院人员。

比较特别的是,医院还为职工提供了多种工作方式的菜单,制定了《弹性工作制试行办法》,职工可以选择计时工作,可以选择做半天休半天;后来又采取取消午休半小时但提前半小时下班的办法,错开了社会上的交通高峰,又保证了医院的有效运行,灵活可变的工作时间,受到了职工欢迎。

国有民营的模式还改变了过去等着财政拨款干事的被动。此前医院申请400万元采购世界先进设备,发展眼科业务,但始终没有下文。委托管理后,蓝十字医院投资管理公司和另一家民营公司共同出资,仅用两个月就设备到位,并投入使用。

医院还率先探索"医院主管医疗核心业务,社会专业公司经营非核心业务"的运作方式,这个模式派生出了医院后勤社会化的物业管理、陪护、餐饮等公司。医院在设备、药品等购置上实行申购、审批、采购三分开,杜绝了回扣与漏洞的发生。

两年委托管理取得预期效果后,按协议约定,上海蓝十字医院管理投资公司出资3亿,在浦南医院附近建造一所4.5万平方米、12层大楼的现代化脑科医院,该医院集病房、门急诊、医技、教学科研、行政管理于一体,病房以一室2床或3床为主。他们还积极打通了国外医保渠道,配置了高标准的涉外病房，使得在浦东的国外人士多了一种医疗服务的选择。[9]

就这样经过十年的边改革边发展，仁济医院东院、瑞金医院分院、上海儿童医学中心、上海国际医学中心、上海质子重离子医院、曙光医院东院、上海蓝十字脑科医院等三级医院和一批富有特色的专科医院相继在浦东投入使用。现在，长征医院、上海市第一妇婴保健院浦东分院又在开建中。浦东居民就医难的问题已经成为历史，而且由于一些有医疗特色、专长的医疗机构建在浦东，使得浦西和外省市的患者也会舍近求远或慕名到浦东寻医问药。

3. 硬件即便不硬，软件必须不软

刘中民原来是仁济医院的心脏方面的专家，上世纪九十年代初期引进到浦东东方医院后就一直没离开过。他一直在东方医院深耕，看着这家医院从二级医院升到三级乙等，再到三级甲等，但他从没有满足的时候。四川汶川大地震，他作为上海医疗队队长到了灾区，亲身感受到了我们在灾难医学方面的相对落后，看到了进入灾区的医务人员，有些并没有掌握基本的验伤分类技术，只是根据表象运送伤员，谁叫的声音响，就先运送谁，而真正的重伤员却有可能被耽误了。在创伤医生缺乏、卫生条件简陋、医疗设备严重不足的条件下，盲目截肢、盲目穿刺、盲目插管等违反诊疗常规的现象时有发生，高致残率及高感染率为后期治疗带来了很大困难。他感到灾难医学是一个完整的社会救援体系，应该"始于灾前，重于灾中，延于灾后"。

从汶川回来后，他接到了一个电话，来电者是国际急诊医学联合会的理事王一镗，提议在同济大学医学院成立灾难医学系，这正是刘中民深思熟虑中的事。经向校领导提议并得到大力支持后，他担任了首任系主任，由此开始了我国灾难医学高等教育的初创阶段。

浦东新区是一个有社会责任担当的城市开发区，这种担当意识渗透在新区各类领军人物的头脑里。在北京的一次会议上，刘中民和与会者交流了建立灾难医学体系的想法，钟南山院士在视频的一头里说，灾难医学是一个受累出力又没名利的活，感谢刘院长愿意出来承担这份社会责任。

2011年12月，中华医学会灾难医学分会在上海成立，就挂靠在同济大学附属东方医院。尽管选择了灾难医学就意味着选择了责任和艰辛，但作为新区人的刘中民心里满是充实感。[10]

管委会的领导呵护着浦东原本薄弱的卫生事业，而浦东开发之初的卫生战线上的壮士们也没辜负领导们和浦东百姓的期待。

张明璈，当过浦东新区人民医院的院长。该院虽然牌子很大，但其实原来就是川沙县的中心医院，当年的硬件和软件都当不起这么大的名头。张明璈出身于世代为医的家庭，传到他是第十一代，他的儿子是第十二代。他从小接受的就是"苍生大医"的教育，悬壶济世是医生的本分。他从主治医生升任院长后，还是改不了当医生的习惯，一上班就往病房跑。如果有人要找他，必须要预约，因为他的岗位不在办公室，而在病人身边。不要以为他"脱岗"，没尽到院长的本分，他老往一线跑，是为了能听到一线的"炮声"。可不，早在新世纪初，你走进人民医院，就能看到当时各大医院难得见到的"病人自助查询系统"的电脑屏，针对社会反映强烈的医院收费"打闷包"现象，采用现代化手段明码标价，主动接受社会监督。以前只有门诊大楼的底层挂号收费，患者看病需要楼上楼下反复跑，现在只需在就诊楼层就可以办理挂号、付费。在他的倡导下，院方组织了一批服务态度好的工勤人员，形成一支义务护送队，专门接送病人接受各种检查。每位出院的病人，在两周内都会接到院方的问询电话，病人也可以通过"护患联系卡"直接联系医护人员进行咨询，这叫作"硬件设施不硬，软件服务不软"。

作为院长，张明璈求贤若渴。他深知医院原本的底子薄，不仅设施跟不上浦东的名声，而且人才队伍和一流医院相比差距不小。所以一当上院长，他就到外地招纳了一批愿意到浦东一展身手的能人志士，他们中有的放弃了升任院长的机会，有的夫妻双双背井离乡投奔浦东，而当那些慕浦东之名前来助阵的能人一下飞机，就看到医院的领导班子成员齐齐地到场迎候，真是满满的诚意啊！等到这些能人进了医院为他们准备的安居点时，更是发现一个窗明几净，生活用品一应俱全，就缺一个主人的温馨之家在等待着他们。

作为院长，张明璈上任伊始就根据新区的要求，狠抓医德医风，他不止一次地告诫医护人员，一定要用最具疗效的、价格最经济的药物为病人看好病。当时社会上有着不少"药贩子"游走于各大医院，推销药品和器材，给医院的采购人员和医生"好处费"，可张明璈在医院里下了一系列的禁令。他与提供药物的厂家约法三章，禁止任何不正当的促销行为。同时规定，只要发现药价超过一般市场价的一律严肃处理。一系列的严明纪律，使得这家医院的收费标准处于全市的较低水平。这家医院没有辜负"浦东"这个响亮的名字，短短几年，在全体医护人员的努力下，医院就获得了上海市双拥工作模范单位，上海市红十字先进集体，上海市献血工作先进单位，上海市文明单位称号。[11]

张慕洁，1993年从上海市第六人民医院来到浦东社发局，成为浦东开发"八百壮士"之一。几年后又主动请缨，到社发局下面的公利医院担任院长。当时的公利医院就是一家名不见经传的小医院。可是就是这么一家小医院却敢于第一个吃螃蟹，在上世纪末就大胆探索了全医院的信息化管理。1995年，信息网络管理在国人眼中还是一个较为陌生的概念性东西，可是张慕洁提出了一个构想，就是推行涵盖全医院医疗管理内容的信息网络化管理系统。这是一个大胆的设想，难怪当时医院里议论纷纷。有人说，这是科研部门的活，我们医院搞什么信息网络？有人说，我们医院就那么三台破电脑，有钱还不如添一些医疗设备。面对这些议论，医院领导班子意见统一，因为他们看到了医院未来的发展趋势。他们很有底气地说，对医院要不要搞信息网络管理，不讨论，不争论，国外早在十几年之前就已经在这件事上破冰了，而且效益明显。不过，领导班子还是仔细地把信息网络化管理的长远意义向干部群众反复讲透，提高大家的改革自觉性。他们建立了强有力的领导机构，进行国内外的深入调研，对自己的方案反复论证，不断完善，然后精心选择合作伙伴，请专家学者到医院开办培训讲座等。

然而，凡事开头难，尽管前面已经有过试点，但是等到全院铺开时，还是遇到不少困难。因为信息化管理要改变医护人员的语言和行为习惯，原来自己熟悉的程序和操作方式现在全变了，熟练工都变成了新手。在药房、收费、住院部和全院其他部门的网络运行等方面，医护人员总是难以驾驭，网络的运行方式和医院传统的规范不相吻合，以致差错不断——药房漏发或重发药品，病人在网络上失踪，有些部门之间数据对不拢，一时怨声四起。这是一个检验人的意志和毅力的艰难历程，当时几百万的网络投资不是小数字，新生的信息化网络前景如何？有的人心中不由得生出疑问。在这紧要关头，医院领导班子没有动摇，他们知道这是一朝分娩前的痛苦，只要坚持下去，前面将是一片坦途，而新区党工委、管委会的领导多次到医院给予鼓励，市卫生局和新区社发局更是深入医院给予具体的指导帮助。

最终，信息化管理给医院上下带来了预期的效果，每一个环节的运行都在网络上一览无遗，透明化使得原来可以人为模糊的区域没法混下去了，全员从院长到每一个员工的工作都晒在阳光下，在网络里各相关者的职责分明，一旦有工作不到位的，就会受到网络的警示。1999年人民日报以《营造现代医院的科学管理》为题，推介了公利医院的做法。

那一年的夏天，"中英文化交流周"在上海举行，张慕洁代表医院，也代表浦东出席了会议。会上，张慕洁向与会代表介绍了公利医院的做法，他的发言赢得了大家的热烈掌声。那天，张慕洁面对的是一批医疗信息网络管理的英国资深专家，他从容不迫地打开手提电脑，熟练地敲击着键盘，自豪又自信地介绍道，此刻，在世界上任何一个角落，只要打开电脑，就可以随时看到我院的即时医疗动态；我们医院的医生可以通过远程会诊系统，与千山万水之外的西藏日喀则人民医院的医生对病人进行会诊；现在我们医院的信息科能够通过远程会诊系统，与我国赴南极考察的雪龙号船取得联系；现在医院的胃镜、B超等检验报告单，都可以在网络上传送，科主任甚至于可以在家里了解病人情况，开处方给病人治病。这些技术如今已不是奇闻，但在当时已经令来自英国的专家肃然起敬。

一位专家说道，我们英国是世界上最先将电脑技术用于医疗管理的，现在英国对医疗信息的管理水准分为六级，达到六级的几乎没有，公利医院的水准相当于我们的五级，你们用几年时间干了我们十多年才干出的事情。

后来，美国的波斯顿大学、友邦保险公司和德国、法国、日本、新加坡、以色列、蒙古等国家的医疗管理专家到公利医院考察，都对此给予了高度评价。[12]

他们感到有些不理解的是，为什么在浦东一家不起眼的小医院会想到和做到这么一件事？

第四节

民政事业屡出新招

上海各个区都有民政局,在市民政局的指导下,包括浦东社发局民政处在内的各区民政局所关注的事都大同小异。有一点不同的是,浦东的民政事业从一开始就在做法上对标国际前沿,注重发展战略,展望二十一世纪的未来,从一开始就不宥于传统的既成做法,而是踏着改革开放的节拍进行一系列的探索。

1. 超前部署无障碍设施

当初很多人没想到,浦东在宣布开发开放的头一年,许多高楼大厦还没建起来、新区的形象还没有让人耳目一新的时候就开诚布公地表示出对无障碍设施的重视。

1993年,根据新区党工委、管委会的要求,新区社会发展局、综合规划土地局、城市道路管理局和经济贸易局联合发文,对浦东新区落实中央和本市有关建造残疾人设施的规定,提出了具体的贯彻意见,但在具体实施中情况并不乐观。当时抽样调查的33家单位真正按施工图纸落实的只有区区四家，其余的大部分出于经济效益等方面的考虑，或多或少存在着"短斤缺两"现象。值得深思的是，有的建设项目，外方设计人员在设计方案中主动加进了无障碍设施内容，却被中方人员以影响经济效益为由给否定了。形成鲜明对照的是，由五星级酒店、办公楼、商场等组成的金茂大厦以及永华大厦、新亚汤臣洲际大酒店、胜康斯米克大厦等四家单位在图纸设计中，极其重视残疾人设施的配套，严格按规范设计，无一遗漏。新亚汤臣不仅做到硬件到位，还在开业准备、服务规范制定及人员培训中，列有帮残、助残、为残疾人送温暖的服务内容。

1994年初，新区社发局与公安交警部门合作，在浦东南路洪山路口联手推出了全国第一个给盲人提供声响提示的过路信号灯。这信号灯并不完美，但毕竟是第一个，具有一定的示范意义。浦东市民站在这信号灯下，感觉到新奇，或许也感觉到了一种现代文明之风正在浦东徐徐吹起。

当然也有人把这个信号灯和张杨路下的共同沟都看作超前之举，但问题是应该怎么看、怎么想？常言道，要从将来看现在，要从全局看局部。既有近忧更有远虑的领导者往往富有见识，而且为了不"翻烧饼"，善于面向未来进行兼容性的布局,一旦想清楚了即勇于坚持,分步实施,即所谓"心有所信,方能行远"。

1994年6月,新区隆重召开了"实施无障碍设施动员会",会议明确1994、1995两年有10个市政工程作为全面推进无障碍设施建设的试点。这10个工程项目包括东方明珠、金茂大厦、东方路商业街、张杨路购物中心、滨江大道、新世纪商厦、富都世界(高级住宅区)等。规定在工程建设中都要落实盲道、供残疾人轮椅车通行的坡道,楼内要有残疾人专用的电梯、厕所的位置及各种无障碍设施的标志标识等等。会上这些单位的代表当场签订了责任书。

当时的新区主要领导在会上强调:如果不把对残疾人的关怀考虑进去,浦东开发将是不全面的,大楼造好了,没有无障碍设施,即使外表很漂亮,内涵却是欠缺的。我们的宣传如果只讲引进多少外资,引进多少项目,那就不是世界级的浦东开发。话语不多,但新区领导对浦东开发的不同凡响的高定位,对自己主动加压的高姿态已经溢于言表。[13]

一是一,二是二,说到做到。三个月后,新区第一条商业街东方路商业街盲道建成开通。这条在浦东开发中建成的第一条盲道,北起张杨路,南至浦电路,长一千米。

由于不是与道路建设同步设计同步开工,而是凿开水泥人行道后重新铺设,费工费料是肯定的,工程费用不仅有城建局计划外拨出,还有社会发展基金会资助,所以这条盲道的宣示意义是远大于实际使用意义的。

2. 市民热线的先行者

浦东市民时刻关注着浦东开发的实时状况。这种关注,从居委会、村委会一级一级往上传当然也可以,但新区领导感到政府要随时听到来自于基层百姓的心声,做到直接、及时、准确,有呼必应。于是,新区管委会责成社发局研究具有时代感的新办法、新手段。

1996年6月30日的新民晚报刊登了一则报道:"新区社会发展局拓展便民服务,有难事可向电脑信箱反映"。报道里说,从现在起,浦东居民在子女上学、居民去医院看病等方面遇上需要排忧解难的事,都可以拨打4061088—10888,向新区社会发展局的便民电脑信箱反映。这在居民中反响强烈,短短三天时间,居民投诉、反映问题的电话就达50个,内容涉及居民生活的各个方面。反映环境卫生的占到六分之一,有的反映居住小区的乱搭建,有的反映垃圾无人处理，有的反映马路边乱设摊等。不少居民期待能尽快装上有线电视，有的反映申请安装电话已三年，目前仍是待装户。还有居民反映生活方面的困难。如有一位待业青年自诉处在极度困扰中，似有难言之隐，需要有相应的心理咨询机构来解决。金童小学一毕业生今年升入的中学离家远，需乘车来回，在校午餐。其父母于十年前离异，该学生随母亲，法院判其父亲每月付20元抚养费，现学生母亲下岗，经济更加拮据，因此希望能在就近中学读书。又有热心居民反映同居住小区内一位老太太曾经在身体不佳时，将身边的一万多元交给居委会保管，而居委会在未经老太同意的情况下，将钱交给了其儿子。现老太要不回来这笔钱，故询问解决的办法。问题五花八门，但都反映了市民群众的关切。[14]

可以想象的是，政府和居民的直通车开通以后，解决的问题越多，求助者会更多，而解决问题率一旦下降，损失的是政府的信用。

所以，社发局马上完善了信息处理系统，对求助信息进行了分类处理，及时分流到委办局、街道乡镇居村委，要求及时处理并反馈结果。

新区当年这个新举措和如今的市政府"12345"市民热

线比起来当然不可同日而语，不在一个数量级，只是一个雏形而已，但其本意是一样的。

浦东是市民热线的先行者。

为了进一步放大民意直通政府的渠道，早在1995年，新区就责成社发局开通居民求助电话，并向市电话局申请了专用号"8601999"，简称为"999专用热线"，这在上海各区中又是首创之举，与此配套的是在街道里组织了一批志愿者，这些志愿者都有一定的技术专长，有的在职，有的已经离退休，但都有一颗为民服务的赤子之心，他们统一佩戴志愿者协会会员证上岗，随时根据求助电话的指引，为老百姓排忧解难。[15]

3. 亮人耳目的慈善之行

社会救济的通达性，也是衡量一个地区社会发展水平的一个视角。因为社会上总有弱势群体需要资助，而社会上总有一些相对富裕者需要表示善意，给困顿者打开接受社会资助之路，为富裕者提供一些体现社会责任感的路径，这为政府培育社会力量，推动社会进步创造了机会。然而政府的组织能力和方式却是对政府是否具有现代理念的检验。

上世纪九十年代，上海的社会化救济方式还基本体现在临时应急性的状态，如赈灾募捐等，而且劝募动员不够，劝募总额偏低；另一方面是行政摊派和多头捐、层层捐的现象普遍存在，实际上把一项社会性很强的活动染上了过多的行政化色彩。而其时一些发达国家已经把社会慈善活动作为一项事业、一个专业来看待了，在一些著名大学里设有这方面的硕士、博士学位，在慈善劝募方式上也是灵活多样。

新区社发局分管民政工作的领导从一开始就尝试走新路。年底节前是企业家约会领导，对接来年工作的高峰期，企业家担心的是约不到时间，而领导又因约见太多而烦恼。于是在1995年1月29日，社发局借着小年夜的机会，在张杨路华都大酒店举办了一场企业家慈善晚宴。按国际上流行的劝募方式，社发局向有捐赠意愿的企业家释放了30个席位，每个席位2万元。当天，户外下着鹅毛大雪，室内却是爱意浓浓。新区领导率领社发局、工商局、经贸局、规土局、财政局等部门领导与企业家共进晚餐。席间，企业家快乐地与新区领导近距离地切磋交流，社发局民政处的工作人员用当时还非常稀罕的一次性成像的照相机，为他们留影,以作纪念。

初步的尝试进一步激发了社发局民政工作方面同志创造性工作的欲望。为了学习外面世界的经验,社发局决定派员到境外实习。因为当时国内公开募捐活动数量不多,方法单一,通常是自上而下,通过行政渠道动员摊派,有的甚至于直接从工资里扣缴等等。这种看似"短平快"的方式简单易行,却是犹如将一种社会温情强暴了一样,捐赠的神圣仪式感荡然无存,只剩下了人民币的阿拉伯数字。有人说中国的老百姓本来就缺少慈善的人文感受,其实问题是出在我们的一些政府工作人员只是把募捐看作行政摊派,只在意结果的数字,而无视了募捐过程里的人文情怀的表达,以及这种表达所带来的精神愉悦。当然,工作人员普遍缺乏这方面的专业知识和专业能力也是出问题的一个原因。

当时,社发局的分管领导通过时任香港公益金行政总裁陈达文先生争取了两个去他那里见习的名额。这位会说一口地道上海话的前香港文化署署长非常热情,一口答应成全此事。当年的香港公益金是全港最大的民间公募机构。他们经政府批准,每年会在一个固定时间段,策划推出全港性的民间慈善劝募活动,其中人们可以通过舞会、酒会、拍卖会等捐款捐物，政要们则通常参加"万人行"活动，融入步行人群，为活动站台鼓劲。普通市民还可以通过商品超值加价、贴花等五花八门的渠道，尽其所能地奉献爱心。电视台则全天放送，实时公布善款数额等等。

到了1996年的头上，2月15日，浦东第一届"一日捐"慈善联合募捐活动正式举办，那次活动创造了一天公众募集资金312万的前所未有的好成绩。更令人喜悦的是，在这次活动中，有上百家机构积极参与，共有52万人参加，2 000名志愿者拿着特制的募捐袋上街面对公众劝募，凡捐款者都会得到一枚感谢捐赠的贴纸，看到这张贴纸，其他劝募者就不会再重复劝募，当然也有自愿多次捐的市民，他们以身上的贴纸多为荣。这个全上海第一次的"一日捐"公开活动的成功，让浦东的市民开了眼界，他们没有想到的是，原来做公益做慈善可以像过节一样，这么时尚，这么让人开心，以至于之后的"一日捐"停办的那几年，有居民和基层干部提意见，强烈要求恢复。为顺从民意，新区政府自2003年起恢复一年一次的"一日捐"活动，后来又发展出"一周捐"、"一月捐"等方式，一直坚持了下来。

俗话说成功在于细节，"一日捐"等活动也离不开组织者的匠心。活动组织者为"一日捐"设计了一系列针对不同对象的宣传语，诸如捐出一天的烟钱、一天的菜钱、一天的零钱、一天的收入等等。这些贴近常人口味的劝募语轻轻地落在人们的心上，触动的是每个人本自具足的良知，让人感觉到这种善行人人可为，这种举手之劳的愉悦捐、趣味捐使得社会善行的涓涓细流积少成多，汇成大河浩荡。组织者还精心设计了各种活动，方便不同人群的参与。比较有意思的是拍卖。所拍的物件并不是一些名贵的东西，而是一些取之于熟人圈、朋友圈里互相感兴趣的物件，通过拍卖，让提供拍品者和买家双方参与到捐赠环节中来。比如有的愿意出10万元拍走在新区任职的一位书画家的钟馗画，有一次组织者把一封受助学生的感谢信密封在盒子里拍卖，把拍得的款项再资助其他贫困的孩子等。有意思的是还出现了一位企业家愿意出5万元，点拍在新区任职的钢琴演奏家和其丈夫共同演奏的一首经典的钢琴小号曲。这些拍卖所得全数用于新区的慈善活动。

当年浦东的"一日捐"在社会上引起了积极反响，在社会慈善界引起了阵阵涟漪，由此被媒体大量报道，也被"当代中国慈善大事记"收录其中。

浦东一群志同道合的社会工作者，一群有志于政府革新的行政领导人，一群追随社会进步潮流的有识之士，没有让浦东的创新局限在经济领域，而是在广阔的社会发展领域里始终让人看得到浦东改革创新的身影。

4. 政府与社团的初次握手和美好合作

"小政府、大社会"的棋局里，社会组织是其中的重要组成部分。新区对社会团体的管理、服务从一开始就讲究"规范"二字。如在社团名称前冠之以"社团法人"字样，强化其法人的责任意识。"浦东足球队"和"浦东华夏社会研究院"等都是以社团法人形式组建起来的。新区还不定期地举行社会团体成果展示会，能够参加展示的社团都是经过依法登记的，其类别非常广泛，涉及经济、政法、文化、教育、体育、医学、宗教、慈善等多个领域，它们集人和信息于一体，充满社会活力，在宣传改革、培养人才、协作攻关、丰富文化生活、扶贫济困、对外交流、决策咨询等方面发挥了有别于行政的十分重要的作用。

新区刚起步就有志于探索社会服务社会化的新路子。日本友人、上海白玉兰奖获得者、上海市荣誉市民、日本社会福利法人旭川庄名誉理事长江草安彦先生，在合适的时间出现在了合适的地方——浦东。1994年5月,他带领一个代表团造访了浦东新区,社会发展局的领导和这个代表团进行了如饥似渴的交流。

日本旭川庄是集老人、儿童、残疾人的养、护、教、医于一体的综合性福利机构,不仅规模大、设施全,而且具有一整套合理的管理措施。在交流中,江草先生真诚地表示,愿意为浦东新区福利设施的建设及福利事业发展当好参谋。为此,代表团一行抵沪后不仅对潍坊新村街道敬老院、崂山西路街道社区服务中心等社会福利机构进行了考察,而且很快就双方开展进一步合作达成了共识。双方约定年内或来年初社发局派员去旭川庄培训、研修,双方定期或不定期就社会福利组织的工作进行交流、互通情报资料等。旭川庄还聘请了时任社发局副局长马伊里为日本国冈山县旭川庄名誉顾问,尽管那时浦东在这一方面的经验并不多。

在以后的日子里,江草先生几乎每年都到浦东考察指导,每年都义务为浦东培训福利事业的管理人员,这些人员回国后,又作为培训教师,带出了一大批具有现代理念的管理者和服务者。

笔者因此结识了江草先生,引为忘年交。当得知我离开浦东到卢湾区工作时,老先生时年已年近八十,还不辞辛苦专程带队访问卢湾,此后又连续多年接纳卢湾派员到旭川庄研修,继续为上海的社会福利事业尽力。

浦东开发之初就重视社区工作,就开始研究社区管理和社区建设的区别。当我们的政府行政部门在说社区管理的时候,可能脑子里想的就是政府如何加强对社区的管理。尽管政府工作人员经常说管理就是服务,但也只是一种线性思维,即政府对社区实行管理和服务。

其实社区是一个社会学概念,并不是一个行政区划概念,所以后来在上海干部中反复讨论过的"社区到底是以街道为单位,还是以居民区为单位",实际上是一个伪命题。社区具有地缘、人缘、业缘等等的人际认同,不是行政部门可以主观划定的。社区建设就是要促成这种认同,从而引发社区自治的能动性。在这里,增加一定地域范围内的人际交往,为人际交往创造机会,应该是政府部门的自觉行为。

因此,新区在1994、1995年就开始谋划在居民区里建设社区居民的活动中心。

1996年的2月6日,一个坐落在浦东杨浦大桥下面,位于博山东路40弄的叫作"罗山市民会馆"的市民社区活动中心，正式落成并开始运营。这是一个政府和社会组织成功合作的较早范本，以至于现在通过搜索引擎，还可以搜索到上千条记录，里面有中科院研究人员的文章，有硕士、博士的论文，有记者的采访，有参访人员的评论，也有居民的切身感言。大家给这件事以一个很高的历史定位：开创了政府购买公共服务的新实践，社区服务的典范，非政府组织和政府合作的范例等。

当记者采访时任社会发展局局长马伊里时，她对这样的社会效果也有点意外，这让她想到联合国的社区发展十项原则中，关于"改变态度和物质建设同样重要"原则的理解。在社区建设中，政府不仅要加强硬件建设，还要改变居高临下的态度，要善于放下身段，与社会组织和社区居民平行对话，开展互动合作。

当时的浦东，经济高速发展和社会发展相对滞后的反差客观存在，大量的征地农民离开了村庄，住进了集中新建的楼房，身份已然成了城市人，然而农村来的老妈妈还习惯头上包着粗布头巾，老农民还保留着在居住小区里施肥种蔬菜、不愿意交物业管理费等习惯；而大量从浦西动迁到浦东的市民，离开了浦西的熟人社区，搬到了完全陌生的浦东城乡结合部，大家同在一个居民小区，但缺乏地缘和人际的认同,这样的社区只有形没有魂。这时,罗山市民会馆恰逢其时地出现了,它的出现演绎了如何为人际交往,为政府和居民交往提供空间平台的样式。

当时建起这么一个社区活动中心在当年的浦东很不容易。由于居民社区里没有活动中心的规划,所以就不会有活动中心的容身之地,如果有一些空房,一般都会被街道用作出租,搞所谓的"三产",以增加外快收入。有的街道里有老年活动中心、少儿活动站、妇女活动中心、残疾人活动中心、图书馆等,而这些所谓的"中心""馆""站"等称谓,其实都名不副实,只是几间房而已,都没有综合效益,尤其是这些设施都分属于不同行政部门管辖,计划经济的条条痕迹很重,很难统筹经营,有限的社区活动资源被条条分割了。

由于社发局代表新区管委会联系街道,就时常讨论一个问题:为什么不能有一个综合性的社区活动中心,不能让老人和孩子,妇女和青少年,残疾人和正常人在一起活动呢?计划经济背景下的人,是条条、单位的人,市场经济背景下的人当然是社会人。

当年任社发局副局长的马伊里正在日本研修社区建设和服务,她看到当时的日本,40万人口的城市里,每10万人规划建设一个社区中心，有4 000平方米的规模。政府的运维经费以社区基金方式支出，然后聘请民间专业组织负责运营。由于社会组织不隶属于政府部门，而是直接面对老百姓，社区中心提供哪些服务项目，是通过社会调查获得的，专业性和民主性得到了统一。"他山之石，可以攻玉"。她把这些考察所得资料及时告诉了局里，局领导班子报告了新区管委会。要选择一个社区，建设综合性的活动中心，这个想法得到了管委会的大力支持。

当时的社发局民政处处长是黄建中，于是选址的任务落在了他的身上。经过一番调研，他建议选址在罗山街道，也就是如今的金杨街道的前身，理由是这里的居民来自四面八方，而且社区服务资源严重不足。同时意外发现了一个公建配套的幼托建筑空置，街道打算出租办三产，教育部门虽不同意，但苦于一时幼儿少，难以开班。那么，这个空置场所能否先改建成社区中心呢？教育部门出于守土有责的本能，当然有不同意见，然而社发局领导班子意见统一，此时，社会发展局的综合统筹优势发挥出来了。局里决定所有权不变，场所由街道用作社区中心。

选址改建完成后，这个设施该叫什么名字呢？按当时的习惯，或许应该叫"街道社区服务中心"吧。然而社发局分管民政的马伊里和她的同事们不是这样想的,他们觉得既然这个中心的主体是居民,何不让居民自己来命名?于是,"罗山市民会馆"脱颖而出,这个名字的妙处在于一个"会"字,社区有"邻里相会之处",才会有"和谐共生之治"嘛。名字出来后,为了进一步挖掘当地居民的主人翁精神,在居民里进行了征集馆名题字活动。经评选,结果是当地一位六岁孩子的书法作品拔得头筹。这种做法倒是契合了中国"官从民愿"的传统文化理念。

当然,任何新生事物一出来,总会有不同声音。会馆有旧社会的记忆痕迹,有的人为此"感冒"。市民政局听到了不同意见,专门派人到浦东实地暗访。暗访者很尽责,特意拿了地图,坐公交,按图索骥,沿路摸到了这个当时位于城乡结合部的市民会馆,访问了不同的当地市民,结果证实了这就是一个由政府出资建设,由居民命名的社区活动中心。

市民会馆的命名过程赋予了活动中心新的内涵,会馆的运营也顺其思路走社会化路线,经过比选,社发局选中了上海青联的会员组织——上海基督教青年会,作为一个老牌的社会服务组织,它对社区有天然的亲近感。

可是由一家社团组织来运营一个社区服务机构,这个机构就不再是传统的事业单位,那么这个机构属于什么性质,该到哪里去合法登记?当时有相关审批权的政府部门都找不到审批登记的依据。直到上海市政府有了关于"民办非企业"的管理办法出台,罗山市民会馆才有了一个合适身份,于是在上海市民办非企业的机构登记名录里,罗山市民会馆位于天字第一号的位置。

该组织当时的负责人吴建荣为自己所运营的机构成为了上海第一家民办非企业机构而感到十分自豪,一种社会责任感让他在会馆的运营上倾注了更多的精力。

实际运营中在会馆里设置哪些服务项目?运营方不是拍脑袋决定的,即使他们感觉到哪些项目是民之所需,他们还是本能地走一下听意见的程序,于是,每年在2平方公里以内的人群里做社会调查就变成了一个规定动作。

有居民羡慕地谈到,浦西的孩子太幸福了,到处可以找到学钢琴的地方,可是浦东这方面的资源太少,到浦西去学,交通不便,还要付过江费,他们希望在会馆里有学琴和练琴的一席之地。居民们还幽默地提到了希望享受到"喘息服务",即家里的儿童和老人能够在会馆里短期寄托,让家里人有"喘息"的机会。由此种种,都是超出当时政府民政部门有关社区服务既定范围的,琴房和儿童照护,属于文化和教育部门的管辖范围,但是这些在浦东成了一个可以统筹解决的事情。社发局是一个综合部门,局内的有关处室分工,虽说也是泾渭分明,但在局领导班子里,大家还是秉持团结合作的局风,有事从大局考虑,从整体效应上去衡量价值。在他们看来,社区服务中心就是一个政府服务平台,就是要打破行政条条各自为政的局面,服务内容就是要遵从居民的需求,所以社发局积极支持了运营方社会调查所得的项目导向。

除了创新社区服务项目以外,社发局和运营方还利用这个服务平台,在居民中倡导公益理念、公共意识。如钢琴房需要有人排班、打扫、擦拭,这些事运营方没有简单地聘人来做,而是引导大家参与进来自主管理。他们与使用琴房的家长和孩子开会商量说:这个琴房是一个公共资源,是社会发展基金会捐助买了钢琴,如果你们能够自己管好这个琴房,我们就把钥匙交给你们,让你们免费来练琴。许多年过去了,琴房的使用者都自觉地遵守了自我约定,即每次练完琴后,擦拭钢琴,打扫琴房,把干净的琴房留给下一位使用者。日积月累,习惯成自然,公民该有的自我管理意识,"人人为我,我为人人"的理念,润物细无声地根植于居民心里。

又如会馆内禁烟的事情。作为一个公共服务场所，理当禁烟，但有些老烟民就是熬不住。要禁烟，一些老人极力反对，因为长期以来，他们烟不离手，一边走路一边吸烟，随地扔烟屁股已然成为了生活习惯，自认为改不了了，所以他们扬言，不让抽烟就不来会馆了。当然，运营方并不是非要这些改不了习惯的烟民进会馆，但是，这些烟民也是居民，不能简单地把他们排斥于会馆之外。于是运营方一方面向烟民们宣传吸烟的危害，一方面和大家伙儿商量，在会馆内设立一个吸烟区域，约定：出了这个区域不抽烟，烟蒂不能随地扔。结果不错，烟民们都自觉地遵守约定，看到别人随地扔了烟蒂，他们还会把它捡起来。一些烟民进了会馆后，烟也少抽了。有的老烟民家里的老爱人看到自己的老头子一个月的香烟铜钿省下来不少，喜上眉梢，看到老头子一闲下来，就催促着他去会馆。

有一次，新区领导到会馆开会，街道的同志提前来安排会场，在桌上放了香烟和烟灰缸。运营方的工作人员上前劝告，希望政府部门也能遵守公共约定，但是街道同志不以为然。后来新区领导知道了这个情况，坚决支持了运营方的做法。

其实，这里不仅是规则面前人人平等的问题，也不要小看这个抽烟习惯的改变,实际上是在无形之中撒播了一个社会进步的理念,即合格的公民都要自觉地懂得,只有在公共利益面前知道妥协,才能创造一个和谐有序的社会环境。

在这个市民会馆运作了一段时间后,社发局的领导趁热打铁,利用自己部门综合性的特点,和会馆这个社区平台再来一次对接。分管局长马伊里带领局各有关处室到会馆现场办公,文体处分管文化的负责人高震陵表态在文化方面全力支持会馆,要组织专业图书馆到会馆设点,定期轮换图书,包括少儿玩具,要以会馆为载体开展社区性文体活动。卫生处负责人黄震宇表示可在会馆内设社区医疗服务点,以弥补该社区医疗网点的空白,开展医疗预防、康复、健康教育等。文体处分管体育的负责人徐明其提出把会馆建成罗山社区居民全民健身基地,拨出部分健身器材给会馆并帮助维护,同时经常性地组织一些气功、健身讲座活动。

这场活动,无疑是政府和社团在平行位置上的对话,是握手合作的一次美好演绎。

第五节

从未缺席的文化亮色

社会发展局的同志们深深地知道，正如招商引资给新区带来了经济实力一样，丰富多彩的文化活动将给浦东新区的社会事业带来生机和人气，从而提高社会活力度和城市的知名度。

于是在浦东开发起步之始，新区的文化活动就蓬蓬勃勃地开展起来了。杨德林这位华东师大中文系毕业的高材生，天性活跃，对自己所钟爱的、认定的事业常常有义无反顾的执着，一旦置身于其中，浑身像有使不完的劲。其历经市青联秘书长、浦东开发办等岗位锻炼，练就了社会活动的能力，尤其对文化建设的动向具有天然的敏感性，对文化活动的组织充满激情，从文化活动的方案设计到所需资源的筹措，再到具体活动的现场指挥，都亲历亲为，以至于每天上班忙得像陀螺一样，在办公室里很少见到他坐着办公，倒是经常看到他拿着一块像砖头一样的"大哥大"（手机的当年叫法）在外忙乎的身影。和他面对面合桌办公的时任社发局副局长马伊里有时正好在处理公务，桌上的电话机响了,对方急着要找杨局长,马局长说:"杨局长不在,请等一歇打来。"对方问:"他在哪里?啥辰光回来?"马局说:"不清楚呀。"不料对方回怼:"你这个秘书不称职,哪能搞得连自家的领导去向都不知道啊!"弄得马局一时无语。也难怪,谁能想得到当时浦东的副局长没有自己的独立办公室,也没有自己独用的办公桌呢?

1993年开始的浦东开发起始阶段,新区组织的有影响力的文化活动很多,如巨型钢琴演奏会在上海万体馆举行,之所以说"巨型",是因为钢琴的尺寸为9英尺,这样的钢琴有20台,放在一个舞台上共同演奏,其发出的声响可谓是当年申城舞台上的最强音了。上海各大媒体为此都作了生动的现场报道。又如文化嘉年华活动是上海首创的面向国际的标志性的文化活动,活动收入达到可观的两个亿。还有中华艺术博览会,这是向国际社会展示中华文明的活动。1993年,东亚运动会在上海举办,浦东作为上海改革开放的窗口,组织了千辆自行车奔向2000年的大型活动,当一千辆挂着彩旗的自行车大军集聚在一起亮相,瞬间点燃一千个夜明珠时,那场景让观看者都激动无比,浦东人的激情和自豪感也被瞬间点燃。

1994年,管委会接报,浦东某工地发生生产事故,有民工伤亡。管委会领导认为浦东建设有农民工的血汗，我们要关爱他们和他们的子女。那年社发局等六个单位在杨浦大桥下，隆重举行"浦东之声——新区外来建设者文化夜广场"活动，来自湖北、四川、江西、山东、贵州、黑龙江、安徽、云南等省的外来建设者们，经过三轮角逐评选出了60个节目参加这次广场演出。

会前，新区领导给演出者们颁发了组织奖、创作奖和表演奖。赵启正即席发表了热情洋溢的讲话，他说道，我们不能等到盖完音乐厅才奏起音乐。没有音乐厅，我们可以在广场，在黄浦江边，在工地上，把文化的享受、艺术的熏陶带给新区人。随后外来建设者演出了带有各地乡土特色的获奖节目，一万余名外来建设者和社区居民兴高采烈地坐在广场内欢呼鼓掌。以民工兄弟为主体组织的文化夜广场活动，也是浦东地区有史以来第一次大型的广场音乐会。音乐会以杨浦大桥为背景，以灯光、激光、高空气球、探照灯、电脑灯为点缀烘托气氛。1962年曾来沪演出，已阔别32年的中国少年乐团在来沪首场演出前，首先在浦东的杨浦大桥下亮相，演奏了多首中外名曲。末了，赵启正在完全没有准备的情况下，被主持人邀请上场，浦东新区歌咏队在他的领唱下，以一曲讴歌浦东开发开放的创作歌曲《金色的希望》，将气氛推向了高潮，浦东开发的人文情怀在此得到了演绎和传扬。

1996年，上海旅游节在浦东举办，新区别开生面地请了加拿大空中飞人科克伦到场，这位老兄在自然名胜之地的空中有过多次表演，但是在大都市的高楼大厦，在近在咫尺的人群头顶上走钢丝恐怕还是第一回。

选择哪栋楼走秀，无疑具有极大的广告效应。新区领导想到了裕安大厦。安徽省委省政府当年在浦东买地建楼时，正逢安徽发水灾，赈灾之际缺银子啊！双方经请示国家有关部门后，浦东以成本价给土地，使得安徽在浦东有了一栋标志性的商务楼。新区管委会决定，这次别开生面的楼宇高空走钢丝，以裕安大厦为起点，以宝安大厦为终点。

科克伦虽然久经沙场，但在城市闹市区黑压压的人头之上走钢丝，不免让在场的观众都替他捏一把汗。当他在大家的屏息凝神的紧张气氛中，用了19分27秒走完全程后，全场为之欢呼雀跃。在场的电视台记者也激动了，一时口误竟把向科克伦献花蓝说成了献花圈，惹得全场观众瞬间错愕，很快爆发出一阵笑声。可以确定的是科克伦这一走，又一次帮浦东走进了世界的视野，让国际上知道浦东并不尽是乡村田野，浦东也有了高楼大厦，也有大城市的繁华。

1994年6月30日，上海浦东新区首届中华艺术博览会在上海展览中心举行了隆重的开幕式，时任市领导陈至立、陈铁迪、赵启正，老同志夏征农、王一平出席。开幕式现场，来自山东的巨书大师孙鑫，冒着酷暑在36米长、20米宽的特制布匹上书写了气势磅礴的"龙"字，寓意中国龙的腾空而起。

这次博览会虽然是浦东主办，而组委会都由市一级领导领衔，其中有陈至立、赵启正、金炳华等，实际上就是上海市一级的活动。不少领导、知名人士为博览会作了专门题词，如时任全国人大副委员长王光英、国防部原部长张爱萍；时任上海中国画院院长的程十发等。为加强这次活动的宣传，博览会制作了20000套首日封，几种配套海报10000张，在友谊出租车队200辆出租车后窗做了一个月的流动广告。展会期间，来自全国各地的观众，在此看到了全国20多个省、市、自治区的3000多件艺术品，有各种书画、雕塑、摄影、工艺品、民间艺术品、收藏珍品，还有建筑及环境艺术、工艺美术设计等作品。这个博览会汇集的是全国的文化资源，不仅向全国宣传了浦东，而且再一次向全国昭示了浦东是全国的浦东,昭示了浦东不仅是经济开发的浦东,也是具有海纳百川胸怀的文化浦东,昭示了浦东也是文化会展之都,昭示了浦东服务全国的热忱,昭示了浦东愿意成为全国精英人才施展才华的热土。

浦东这块沃土上人杰地灵,本就不缺文化精英,而文化活动需要社会化的组织形式。1994年一开年,浦东新区美术家协会和书法家协会经过八个多月积极筹备,在严桥农村集体经济兴建、象征农民"田字出头"的由由饭店召开成立大会。当时的上海市文联副主席、书协常务副主席王卫平,以及著名书法家胡问遂、赵冷月、韩天衡等到会祝贺。徐昌酩、沈柔坚受聘为名誉会长,著名画家程十发受聘为首席顾问。同年浦东新区文学协会正式成立,时任上海作协党组书记罗洛、著名儿童文学家陈伯吹等到会祝贺。

也是在1994年,浦东社发局开风气之先,向社会集资百万,杨德林和文体处副处长徐明其,领衔成立了浦东足球俱乐部,俱乐部主席由富豪集团董事长范永富担任,这位中学时代绿茵场上的骁勇战将当时已拥有20多家企业,但他魂系足球,认为振兴足球,匹夫有责,于是一下子将数百万元砸进了俱乐部。俱乐部不是草台班子,要规范运作，此时马伊里发挥了熟谙社会组织管理的特长，为俱乐部主持起草了章程。此时上海只有一个足球俱乐部，浦东能出现一个俱乐部，岂不是好事成双。所以，赵启正和时任上海市副市长龚学平亲自为浦东这个新生的足球俱乐部揭牌。

俱乐部的运动员来自原上海队、上海青年队、市少体校，加上几位小浦东，是一支以老带新、以新促老的队伍。所谓"初生牛犊不怕虎"，俱乐部集训不到两个月，就迫不及待地参加了全国足球乙级联赛，简直是以赛代训了。新区领导高度重视这次出征，新区分管领导华国万坐镇首场比赛，特别到了对阵中纺机的关键一战时，华国万因有事不能到场，他就写了一封书面信，叮嘱领队、教练和运动员要赛出水平，赛出风格，要树立浦东人民的崭新精神风貌。被称为"智多星"的前上海队主教练王后军此时执印浦东主教练，主教练运筹帷幄，运动员们则背水一战，几员老将把握了一次反击机会，在上半场30分钟时利用一次快速反击，在前场通过三次绝妙的三过一配合，最后由9号邱京巍在禁区内一脚射门命中，奠定胜局，获得了华东区复赛的资格。随后，这支新区新生的足球队一鼓作气，在华东赛区复赛中又取得了5战4胜的佳绩，获得亚军。

当年 10 月，在武汉举行了全国足球乙级联赛决赛阶段比赛，浦东足球队和其他 12 支球队一起角逐，又以积十分的成绩名列第一，荣升甲 B 队。当时的龚学平副市长在庆功会上兴奋地说，浦东足球队成立仅仅八个月，就成功地冲入甲 B，说明了有志者事竟成。足球业内人士起初并没有那么看好浦东队，浦东的球迷则兴奋莫名，相互打趣道："想不到吾伲浦东队一不小心成了'黑马'。"

其实浦东足球队此番先声夺人，一战成名，其意义不仅在于比赛的胜利，而且在于一定程度上反映出了浦东勇于拼搏的精神、文化风貌。

文化，绝对不是仅仅在活动上显形，文化其实无所不在，文化甚至于是一种思想方式，是一种行为方式。

1990 年，陆家嘴金融贸易区开发公司的注册资本才 3 000 万人民币，作为当家人的王安德几乎倾其所有，买了三万平方米的动迁房，平整出了陆家嘴路、浦东南路口的土地，并补贴一半地价，请中国人民银行上海分行从浦西搬到浦东落户。那把形似太师椅的分行大楼在小陆家嘴开张那天，管委会领导们没有满足于站台表达支持，而是送上了一只活生生的白羊，为了使这头小山羊"活色生香"，上场之前特地用白猫洗洁精为它沐浴熏香。这头寓意"领头羊"的礼品让到场的银行家们强烈地感受到了新区对中外金融企业入户浦东的真情。那头幸运的吉羊，事后被寄放在农户家庭，人民银行特意制作了红木雕成的山羊作为纪念。

果然，在"领头羊"效应之下，一批中外金融企业相继来到浦东。于是又有了赠送富士银行的红木奔马，祝愿这家首家进入浦东的外资银行一马当先；又有了赠送招商局大厦的雄鹰木雕，寓意招商银行有鹰一样的目光看中浦东大地，像鹰一样展翅高翔；又有了赠送泰华国际银行总部的大象雕像，寓意"万象更新"；又有了上海证券交易所移址浦东而得到的一头牛和一头熊的玻璃钢塑像，寓意"劲牛旺市"……。

我想，应该有人好好去研究文化的溢出效应，倘若是有识之士，当能看到：文化其实也是经济的酵母。

参考文献

[1] 浦东新区社会发展局：《社会发展动态》1994 年第 91 期。
[2] 浦东新区社会发展局：《社会发展动态》1995 年第 28 期。
[3] 浦东新区社会发展局：《社会发展动态》1995 年第 63 期。
[4] 浦东新区社会发展局：《社会发展动态》1994 年第 88 期。
[5] 浦东新区社会发展局：《社会发展动态》1994 年第 40 期。
[6] 浦东新区社会发展局：《社会发展动态》1993 年第 4 期。
[7] 刘烨鑫、周琪：《"20 分钟"中医药便民工程：记浦东中医药发展综合改革实验》,《浦东开发》2010 年第 10 期。
[8] 雁南、蒲欣：《轮椅上的天使——追记医务界张海迪式好医师陈海新》,《浦东开发》2006 年第 3 期。
[9] 蒲欣、吉诘：《浦南医改：打破坚冰——访浦东新区浦南医院院长刘卫东》,《浦东开发》2004 年第 9 期。
[10] 李静、谢群慧：《"选择灾难医学，就是选择责任和艰辛"——记东方医院院长、中华医学会灾难医学分会主任委员刘中民》,《浦东开发》2013 年第 6 期。
[11] 暮紫：《院长的使命——记浦东新区人民医院院长张明璈》,《浦东开发》2006 年第 1 期。
[12] 郭新忠：《风景这边独好——上海市浦东新区公利医院信息管理享誉世界》,《浦东开发》2000 年第 3 期。
[13] 浦东新区社会发展局：《社会发展动态》1994 年第 66 期。
[14] 浦东新区社会发展局：《社会发展动态》1995 年第 43 期。
[15] 浦东新区社会发展局：《社会发展动态》1995 年第 66 期。

第四章 政府改革：社会发展的推进器

2000年，人们都对新世纪抱有美好的期待，然而接下来的几年，全球经济下行，浦东新开工项目少了，被外商投资者戏称为上海的"市鸟"的起重塔吊数量显著减少，浦东开发者的心里也难免失落。

原来浦东开发之初的一些特殊政策效应都减弱了，而当年小平同志勉励浦东的"大胆试，大胆闯"的声音依然回响在浦东大地上。

2004年的一天，第一批到浦东的"老开发"、时任新区常委、宣传部长邵煜栋对时任新区区长的我说，浦东的领导要多跑北京，要争取在改革项目中先行先试。

那时到北京要具体的基建项目是不现实的，要在政策上吃小灶更是不识时务。

从全国来看，改革到了深水区，要过河的话，已经摸不到石头了。经济特区已经在全国遍地开花，用优惠政策吸引投资，靠政府投入拉动经济的办法已不可持续，而完善社会主义市场经济体制，建立一个与社会主义市场经济体制相匹配的公共服务型政府，推进法治社会的进程，促进和谐社会建设的重要性凸显出来了。如果这个设想得到推进和落实，将会产生一个地区发展的内生动力，这个动力是可持续的，也是符合社会发展规律的。

第一节

成为了全国首个综合配套改革试验区

浦东开发的同志们都知道,浦东是吃改革饭、打创新牌成长起来的,所以改革是浦东成长不变的基因。

浦东开发开放是国家战略,浦东是被党和国家赋予历史使命的,在整个国家发展的进程里,上海如果是先行者和排头兵的话,浦东就是先行者中的先行者,排头兵里的排头兵。在改革领域先行先试既是浦东义不容辞的责任担当,也是浦东发展的不竭动力来源。

当时负责分管新区发改委的副区长张国洪与当时的新区发改委主任陈建、副主任蒋慧工一起,整天就是和新区各部门埋头研究浦东再发展的环境问题。他们很聪明地以问题为导向,从找到问题着手,再切入对策研究。他们借助外脑,委托了美国盖洛普公司实地调研,发现在金融、贸易、高科技企业的领域内,放在进一步发展的实境里看,有100多处不符合国际通行惯例的地方。

看到了发展的瓶颈,就要通过改革来突破。于是他们又委托中国经济体制改革研究会作对策研究,结果体改研究会提出了在浦东建综合配套改革试验区的操作性建议。新区发改委立即和研究会一起飞赴国家发改委，与体改司司长范恒山商讨可能性，想不到双方不谋而合，很快达成了共识，并且透露了一个重要信息，即国家发改委前一段时间正落实国务院领导要求，在调研基础上已经形成了建立综合配套改革试验区的方案，并已上报。

一天午饭时分，蒋慧工这个1990年就到浦东开发办工作的"老开发"，难掩激动的心情找到时任区长的我，拿出一份文件说，国家发改委正在全国物色地点开展综合配套改革的试点。这是一个敏感的信息，看着盖着国家发改委大红公章的文件，我深感这是一项具有国家战略意义的举措，作为一直秉持先试先行意识的浦东岂能错过，一定要力争吃第一个螃蟹。

新区发改委进一步抓紧了工作节奏，加班加点梳理出浦东希望国家部委支持的先行先试的改革项目。为了进一步了解国家发改委的想法，时任新区区委书记杜家毫迅即带着我和区委区政府的主要部门同志飞到北京，找到发改委马凯主任，当面表示了积极的意愿，并且表态不会借此向国家要经济项目，不会要国家财政的钱，不会要国家的特殊优惠政策，我们就是愿意在国家改革战略大局下，做改革的先行者、探索者。我们汇报了四十分钟，马凯同志当即表态，他个人支持浦东成为综合配套改革试验区，最后要由发改委党组讨论决定。汇报结束后，当时具体负责这件事的体改司司长范恒山与我们进行了对接。

那一次进京达成了一个共识，就是浦东要抓紧拿出合适的方案，在国家发改委层面上，与各地上报的方案比选。比选胜出后，由上海市政府正式上报国务院批准，才有可能成为全国第一家试验单位。并且特别关照的是，改革总体方案必须以政府改革作为中心，不能有税收优惠等类似的吃小灶偏饭的内容。

回去后，新区紧锣密鼓地做起了方案。做这个总体方案不容易，它既要符合中央的政府改革要求，符合上海市委、市政府对浦东的期望，又要能够解决浦东经济和社会发展的再生动力问题。

显然，浦东通过政府改革，进一步理顺政府与市场和社会的关系，可以促进提高行政效率，建设一个廉洁而高效的公共服务型政府。政府的改革可以进一步带动经济和社会更协调地发展，更有利于推进和谐社会的建设；但是如果没有一点促进经济发展、优化投资环境、解决经济发展中瓶颈问题的措施，那这个总体方案也是有缺陷的。于是在市委、市政府领导下,在市委、市政府各有关部门指导支持下,一轮又一轮地进京,与各有关部委讨论方案内容的工作依次展开。

浦东以高举改革大旗,以先行先试作为基本态度,表示国家部门在设想中的改革项目,浦东都愿意当试验田,成功了在全国推行,浦东绝不会独善其身,如果尝试失利,是浦东的责任。于是,国家商务部、海关、外汇管理局、教育部、卫计委、广播电视总局、出版署等中央部委都在综合配套改革的方案里留下了改革的设想,有的是具体的改革项目,有的虽没有具体内容,但有了改革的方向,让浦东提出具体项目建议。[1]

经过前前后后将近一年的努力,2005年6月21日,我随市政府主要领导参加了国务院常务会议,汇报了浦东方案。也就是在这次会上,国务院正式批准了浦东作为全国第一家综合配套改革试验区的方案,中央又一次将一项改革攻坚任务交给了上海,交给了浦东。

这个综合配套改革总体方案原则提出了十项改革内容,主要是"着力于转变政府职能;着力于转变经济增长方式;着力于改变城乡两元经济与社会结构;率先建立起完善的社会主义市场经济体制,为推动全国改革起示范作用"。这个要求立意很高，难度很大，也正因为如此，浦东再一次站在了改革的潮头之上。

综合配套改革虽然以政府改革为重心，但也对经济运行方式的转变提出了明确要求，而浦东经济发展恰恰面临着土地价格和劳动力成本上升等问题，前面的新路径正是发展现代服务业。虽然综改没有国家优惠政策的加持，但是有了中央赋予浦东"先行先试"的使命。

借助这个改革的动力，国家外汇管理局当年即宣布在浦东先行试点跨国公司地区总部外汇资金管理方式改革，这是涉外经济领域率先创设的新制度。随后浦东又成为首批个人本外币兑换特许业务的试点地区。国家海关指导上海海关很快推出了便利通关的九项新措施。接着，中国人民银行第二总部落户浦东，金融衍生品的期货交易所也催生了一些新的期货品种。在以后短短几年时间里，国家有关部委陆续将近百项突破发展瓶颈的功能性政策放在浦东试点，如金桥出口加工区拓展保税物流业务试点、张江成为国家数字出版基地试点、浦东作为小额外汇自由兑换试点、外高桥保税区物流分装集拼业务试点等等，都作为先行先试项目在浦东展开，包括后来的服务业的税制改革，上海成为了国家服务业营业税改增值税的试点。

当然，综合配套改革的指向是建立一个公共服务型政府，这就对浦东的营商环境的改善，对政府行政行为方式的改革提出了很高的要求，从实践情况看，确实对浦东的经济和社会发展起到了很大的推动作用。

第二节
行政、市场、社会再分工

浦东一直在求变中前行。开发之初,较多的变化体现于物理空间的变化——基础设施上路的宽度,地面上楼的高度,天际线的刷新等等,着实让人兴奋,所谓"一年一个样,三年大变样"。然后,人们开始注重功能的变化,诸如金融、科技等在经济增长的阿拉伯数字中的比重等,而这一次中央又通过综合配套改革,赋予了浦东一个新任务,即加强政府改革,也就是说,这次要变的是政府职能。

1. 大力培育社会组织

转变政府职能,就是要进一步明确自身的角色定位。

在计划经济时代,政府是万能的,是全能责任政府。所以国有企业厂长经理遇到问题不找市场找市长;群众遇到困难,不管是家庭琐事还是邻里纠纷,一股脑儿都找政府解决。政府解决了本该由市场、由社会组织解决的事情,这样的事情解决得越多,越是会强化全能政府无所不能的角色，越是会弱化社会本有的自治功能，在经济领域上则表现为干扰了市场信号，人为抑制了市场本身的功能。

这次浦东改革政府职能有一个基本指向，就是要形成政府调控机制同社会协调机制互联，政府行政功能同社会自治功能互补，政府管理力量同社会调节力量互动的社会治理新格局。

浦东新区一开始就是"小政府、大社会、大服务"的布局，精简的是政府机构，强化的是政府对全社会的服务。浦东深知政府和社会相辅相成的关系，但是政府具有天然的自我膨胀欲望，所谓增加行政部门，增加公务员编制往往是一种既定的愿望。

如何医治这种愿望，新区区委、区政府用的是反弹琵琶的办法。首先是扶植社会和市场的力量，让社会、市场的力量与政府的行政管理手段一起参与到社会治理体系中来，以提高社会的组织化程度和社会自我管理能力，致力于培养与小政府管理体制相匹配的大社会体系，这个体系的有生力量就是社会组织。

浦东的领导者明白一个道理，与政府提供的共性的、普惠的、托底的、均等的公共服务不同，社会组织可以在政府的扶植下，为群众提供差异化、多样化、个性化的服务。在服务方式上，与政府的行政化、命令式、号召性的组织动员和服务方式不同，社会组织的服务方式是软性的、个性化的、润物细无声的。

在一次研讨会上，新区领导作了一个比喻说，如果政府公共服务是山，社会组织的服务就好比山间的沙砾，在山的缝隙和边缘，没有这些沙砾是不行的。浦东实践的事实证明了这一点。浦东社工协会这个社会组织，关注着民工子弟教育服务、老年人服务、残疾人服务、社区矫正服务、少数民族和宗教人士服务等，于是区委、区政府就在党群、民政、卫生、教育、司法及基层社区设置了几百个社工岗位，让相应的社会组织发挥拾遗补缺的作用。为了顺利承接政府转移出来的社会事务，社工协会积极开展专业培训，开办了近百期培训班，培训了近万人次，其中又有几百号人获得了国家职业资格证书。社工协会又趁势而上，积极制定职业标准，由浦东社工协会起草的《社会工作者国家职业标准》为社会工作的职业规范、从业资质、注册办法等提出了制度性规定，因而在2004年被国家劳动人事部采用，成为大陆首个社会工作职业标准。有了法律地位明确、职业标准规范支撑的社会组织体系，政府不再把社工当作随意差遣的"伙计"，而是视为社会治理方面的

"伙伴",社会组织的成熟,使得政社合作有了厚实的基础。

合作的伙伴也要亲兄弟明算账,新区的改革举措,指向了不断完善政府购买社会组织服务的机制,形成"政府承担、定项委托、合同管理、评估兑现"的购买社会服务的流程,将原由政府主办、为社会发展和居民日常生活服务的事项,通过政府购买服务的方式,交给有资质的社会组织来操办,经费列入财政预算。

2005年后,随着社工机构的增多,新区从以邀标为主,逐步有意识地增强承接项目的竞争性,2007年率先在家庭服务项目等方面探索实行招投标。综合配套改革施行后,新区每年都有几千万的财力用于购买社会组织服务。政府和社会组织实行契约式管理,政府和社会组织两者的责任、义务以及服务要求都在合同中体现。受托方的考核则由政府部门找一家专业机构,作为第三方对社会组织进行全过程监管,包括资质审查、服务过程的跟踪了解,合同期满后再进行社会绩效评估。

可贵的是,政府和社会组织之间的合作,整体上都体现了合作主体的公平性,政府并没有高高在上,改变了惟我独尊,一切由政府自己说了算的形象。

其实早在1993年,浦东就成立了老人慈善福利会,这是我国改革开放以后第一个以慈善命名的社会组织。2003成立的一家名为乐群的社工服务社，是我国第一个社会工作职业专业机构。

由于浦东天生地重视社会组织的发育，所以从如今中央提出的社会治理体系和能力的角度看，浦东的社会发展实践起步还是较早的。

大量的社会组织如雨后春笋般冒出来，新区政府没有做旁观者，因为推动社会发展的浦东新区，是催生社会组织的大苗圃，政府有责任做好园丁。社会组织在浦东不仅要生得好，还要长得好。

2006年，浦东启动了公益孵化器工程，通过申请、评估等一套严格的程序，为创新性强、发展潜力大的社会组织提供包括场地设备、登记协助和小额补贴等创业服务，以帮助社会组织降低初始阶段的日常运作成本，帮助一些初创组织顺利走过成长期，为它们尽快进入独立运作创造条件。

2009年12月，一个由手帕厂改造过来的公益服务园正式揭牌，这又是全国第一家旨在扶持公益性组织的服务园区。这个园区由企业提供场地和物业服务，政府提供财政补贴和规范入驻标准，公益服务园作为社会组织免费使用场地，实行自我管理，在政府的指导下，为符合入驻条件的初创型的社会组织提供服务。

浦东的经济和社会两条腿真是一般长，既然可以有经济的总部园区，那么当然也可以有社会组织的总部园区。浦东有几千家社会组织，数千名社会工作者，他们的服务对象覆盖了浦东社会的边边角角，公益服务园区就是一个孵化器，一个个成熟的社会组织从里面生长出来，走向社会。

这种思路和运作模式无疑是具有开创性的，因而迅速地从浦东复制到了北京、深圳、成都等地区。

政府和社会组织之间的合作，在新区政府看来，只要社会能自行运作的，政府就不要包办，就可以退出，将社会事务还给社会，委托给社会组织去做。浦东对社会组织既悉心抚育，又不去娇生惯养，而是通过竞争机制去锻炼打磨社会组织的运作能力。

2007年12月，浦东新区三林镇政府向全社会招标托管三林世博家园的市民中心，这个中心服务的对象都是从沿江地段动迁过来的，这些居民虽然改善了居住条件，但也为世博会的召开牺牲了居住的好地段。如何让新居民尽快地融入新社区，如何让新居民尽快地互相认同，建立起新的睦邻关系，市民中心的功能不容小觑，市民中心的运作至关重要。

市民中心的硬件无可挑剔，6 740平方米的场地，日均可以容纳2 000人在此活动。经过招标，一家名为"屋里厢"的社区服务中心中标了。几年运作下来，"屋里厢"不负众望，三楼的书画坊里挂满了书画作品，都是社区里的书画爱好者悉心创作的结果；音乐教室里专业的声乐、器乐老师则在指导满头银发的老人，使得如今的老人"六十岁学吹打"，个个能成才。中心的市民剧场里，沪剧演出声声入耳，能容纳300人的剧场里经常满满当当；与之毗邻的评弹说书终年无休，220个座位也常常座无虚席，有些演员还有自己的"粉丝"观众，老听客可以从其他区县一直"追星"到三林。

这让浦东人心里充满喜悦与自豪，过去浦东人过江，是进城到上海去，现在已经有江对面的"城里人"反过来过江，到浦东的社区来"轧闹猛"了。

"屋里厢"还创建了一个老来客会馆，会馆采取会员制，短期内会员竟然达到数百人之多，每天都有会员汇聚到这里喝茶、聊天、发呆，老年人在这里交友，打发寂寞，它成为了老年人的小社会。久而久之，自然产生了老人的

"头",老年人中有了自然产生的领袖人物,有助于老人的自我管理和服务。上世纪九十年代费孝通老先生告诫浦东"将来要防止老年人犯罪的问题",其实就源自于对老年人和社会隔离的担忧,现在看来,这个家门口的小社会滋润着老年人的心。这个老来客会馆向外辐射,在五个街镇设立了服务点,居然又注册了千余名会员,培育出一批"老友志愿者"。

可贵的是,"屋里厢"在运作思路上坚守搭建"平台"的理念,不事事包办,而是着力于为居民搭建活动平台,充分开掘居民自身的资源,让居民在各种平台上自导自演一幕幕生动的活剧。于是市民中心里,活跃着几十个文化团队,歌唱、舞蹈、乐器、戏曲等不一而足。在"屋里厢"的串联下,所有的文化团队成立了自己的"文联",即三林世博家园市民中心文化团队联谊会,自己有效地协调了排练、演出场地的使用效率问题,锻炼了居民群众的自我管理能力。

目前,"屋里厢"这个源自浦东的社会服务组织已经走出浦东,将服务的触角延伸到了浦西几个区,他们甚至通过管理输出的形式将服务范围扩展到了南京、济南、嘉兴、杭州等地。

浦东在制约行政权力、大力扶持社会组织方面的持久发力，为浦东的社会组织发育提供了持久的动力。由此，浦东也逐渐成为国家社会体制改革的主要试验地，成为我国社会工作职业化探索的发源地和发展重镇。

2. 让平民英雄有用武之地

浦东开发开放是上海几代人的梦想。当年，中央宣布浦东开发开放的号令一落下，就有浦东地区的平民百姓自发拿出自己微薄的积蓄，意欲为浦东开发尽到平头百姓的责任。

作为地方政府，为了让蕴藏在广大人民群众中的积极性、创造性充分涌流，不仅要从善如流，广纳良言，而且要为平民志愿者参与社会建设提供舞台，创造条件，从而带动、感召更多人投身到社会建设中来。

毕竟，社会开发本来就写在浦东开发的旗帜上；毕竟，我们这个城市、这个社会的主体是人民群众，他们的力量就是社会本质力量的体现。

长期以来，浦东新区地方党委和行政力量不失时机、不遗余力地鼓励推动有志于社会建设的志愿者参与到社会事务中来，形成了一种社会建设的原动力。

记得社发局刚开局的某一年年初，一位头发略显苍白但精神矍铄的老人来到我的办公室，说了一件让我略感意外的事。

他说，浦东的发展日新月异，让人有目不暇接之感。浦东"一年一个样，三年大变样"，不仅使得非浦东地区生活和工作的人到了浦东不认路，就是老浦东也对浦东不断变化的交通感到陌生，浦东的地图出版已经跟不上浦东的发展和市民的需求了。他介绍自己是一个从公交公司刚退休下来的老人，他和一些老朋友每年都会为浦东变化大的地区画一张交通地图。说着话，他打开自绘的地图给我看。他说，这张地图虽然不是正规出版社的印刷品，但是准确性没有问题，这是他和几个朋友靠自己走路丈量出来的。他又说，你们社发局管着文化和出版市场，我们打算将自己手绘的地图印刷后，免费赠送给需要的人——不管是浦东原住民，还是到浦东办事或旅游的人。他希望社发局能够提供摆放地图的点，不要把这个地图作为非法印刷品。

社发局毫不犹豫地支持了他的想法和做法。

他就是现在为浦东人所熟悉和敬仰的沈入群，一位离休干部。那年他就已经六十多岁了，但是他由衷地感到，描画浦东，见证浦东，会让自己的心变得越来越年轻。

2000年，跨入新世纪，沈入群在《浦东开发》杂志上讲述了自己手绘地图的故事。

刚从浦东公交公司退下来时，他就想在有生之年为浦东再做些什么。他发现，尽管浦东已经开发有两年了，但人们不了解浦东开发已经热火朝天，还把浦东当乡下，还有人不相信规划中的大桥、隧道、机场能够在预定的时间内建成；另一方面，浦东的居民感到浦东的出行不方便，连市内的出租车都不肯开到浦东来，他不由得感慨"杨家有女初长成，养在深闺人未识"。

和他一样从公交公司退下来的杨根全、王林初、孙汉屏，都有二三十年的军龄，都知道打仗和建设都离不开地图。当陆家嘴被宣布为国家唯一一个以金融贸易命名的国家级开发区后，沈入群和他的战友们就决定先来描绘这块宝地。他们说干就干，军人走正步，一步75厘米，他们走了一下，发现没差多少。于是在二十世纪九十年代末，这几个老军人，用起了最原始的测绘方法，即"步测"的方法，开始用脚丈量脚下这块自己深爱的土地。白天每人负责一条路，用脚算出路幅、路距，他们一边走一边用笔在图上标出道路两边的企事业单位和正在建设中的高楼大厦，夜晚汇总信息,手工绘制。

半年以后,他们拿着陆家嘴金融贸易区的草图去找了陆家嘴开发公司的领导,不料公司领导喜出望外,因为公司正在考虑怎样向社会推介陆家嘴,看到这张图上密密麻麻的单位,公司领导大为惊讶,原来他们都不知道自己的开发区内有那么多的单位。双方不谋而合,决定出一张《浦东新区陆家嘴金融贸易区现状图》,下面再刊出陆家嘴的规划图,让世人了解陆家嘴的今天和明天。算了一下出版地图的成本,大约需要4万元,陆家嘴开发公司拿出了2万元,老沈他们找了100家企业,每家出200元,凑够了经费。等地图出来后,陆家嘴开发公司即认购8 000份。

1993年7月,沈入群他们几个自行组织的团队编制的《浦东新区陆家嘴金融贸易区现状图》问世了。这张图上第一次出现了浦东的轴线大道,即中央大道,也就是现在的世纪大道。

这张图的出现,颠覆了不少老浦东的想象力,因为当时浦东最神气的就是从陆家嘴轮渡出来后,能够看到的来去四车道的浦东大道。难道轴线大道比浦东大道还要宽吗?他们接到好几个读者的电话询问:什么叫轴线大道?得知是一条特别宽的大马路时,对方发出惊呼,那不是要穿过乳山新村吗？那要拆掉多少房啊！

这张地图未经正规的地图出版部门编辑审核，没有书号，没有定价，只能内部使用、赠送。陆家嘴现状图的绘制，只是小试牛刀。1994年，在现状图基础上，他们正式出版了《浦东新区陆家嘴金融贸易区示意图》，它由浦东新区综合规划土地局认可编制，中华地图学社出版。地图出版时，浦东的世纪大道（当时叫中央大道）只建设了500米长的样板段，住在那里附近的浦东人只要在地图上用尺量一下，就知道自己家的房子会不会拆迁。想不到地图出版起到了一个安民告示的作用。

浦东的源深路原来坑坑洼洼，崎岖不平，雨天满地泥水，晴天一路灰尘。新区决定修整并拓宽源深路。沈入群他们原来在公交公司上班时就关注源深路能否通车，现在愿望就要实现了。于是他们就到现场去实地勘察。他们看到路边立了军令状，9月5日开工，10月底竣工，这条路步行走一趟要半小时，现在两个月要修好。他们看到沿路居民自发地拿了小红旗，掏钱买了饮料慰问筑路工人。老沈他们深深感到在地图上画一根线才几秒钟，实际修一条路，建设一条隧道却需要几千名工人日夜苦干，所以一定要画好地图，对得起浦东建设者，对得起江东父老。

当时到浦东办事、旅游的中外人士越来越多，新区管委会愈发重视浦东地图的及时出版。时任管委会办公室副主任邹毅，原来是社发局的办公室主任，他对老沈他们编制地图的初衷和地图出版后的社会效果非常清楚。浦东发展太快了，上海市民，尤其是浦东百姓找政府和社会办事都摸不到门路，当时浦东社发局四个处室的下辖单位就有108家。于是邹毅提议老沈绘制一张新区便民地图，主要体现便民的特色。

得知老沈他们编制便民地图的积极性很高，新区管委会乐见其成，专门为他们开了一个专题会议，要求所有的政府部门及其中介服务机构都要参与编制，在地图上标出自己的位置，包括医院、学校、招生办、帮困办、残联、老龄委、具有浦东人文特色的旅游景点，甚至于加油站等的门牌号及邮政编码都在地图上显现。

1996年8月，第一张《浦东新区便民地图》问世了，地图上新出现的几十条通往浦西的公交线路，新出现的公共文化场所，都让上海市民感受到了生气勃勃的一年一个样的浦东社会发展的脉动。

浦东以超常规的速度不断刷新着人们对浦东的印象，老沈他们却以古来稀的年龄不停地追赶浦东社会发展的步伐，不断创造地图更新的新纪录。

1998年，他们又对便民地图进行了更新；1999年4月，他们又推出了第三版的便民地图；进入新世纪的2000年4月，他们又将第四版的便民地图奉献给了社会……。

与浦东发展并肩跑的老沈他们，辛苦并快乐着，因为他们都在第一时间听到浦东那有力的心脏搏动，看到浦东那血管里奔腾的血流，他们不时地为浦东这块希望的土地上发生的故事所感动。

小陆家嘴原先的危棚简屋已经化身为中心绿地，老沈感慨地说道，当时的简陋房屋，我两手张开，可以同时摸到两边的房子。以前浦东的居民在陆家嘴的岸边望着对岸外滩的万国建筑群，另有一番滋味在心头，现在国际上许多重要的会议和活动却都放到浦东举行，全世界几十万栋高楼建成花了50年到100年的时间，而浦东在20年里就造了几百幢高楼。

是的，这是一个让世界刮目相看的地方，西方人用西洋镜看浦东，常常觉得浦东的发展速度匪夷所思。要知道，改革开放前的浦东，只有一栋位于浦东大道1234号的12层建筑算得上高层建筑，那是船舶检验局上海分局办公楼。

老沈这些老交通们，在浦东公交公司摸爬滚打几十年，是那样熟悉浦东的路，寄情于浦东的路，他们爱浦东的路，也埋怨过浦东的路，如今最让他们感慨激动的还是浦东的路。

老沈手头一定还保存着浦东1949年的上海市地图，在那张地图上，浦东只有一条长长的但细细的浦东路，从庆宁寺到周家渡，它的走向基本上就是后来的浦东大道和浦东南路。

老沈还记得这样一个故事。新上海商业城有18幢高楼，有一次到境外招商，名片上印的地址是沈家弄路，碰巧的是对方出生在上海，以他的老眼光看来，弄堂里的档次低，不会有好房子，当场就犹豫了。当时浦东小荷才露尖尖角，招商不易，与其费口舌解释还不如改名吧，于是把沈家弄路西段改为商城路。现在的世纪大道原名为中央大道，世纪公园随中央大道，名为中央公园，后来中央大道改名为世纪大道，大家都说合理，它建成于世纪之交，寓意深刻，所以老沈和浦东一些市民就说何不把中央公园也改为世纪公园呢？果然事如人愿，心想事成，公园和大道同名了。

如今，世纪大道、世纪公园、公园前的世纪广场，形成了"世纪"系列。从虹桥机场、延安路沿线，经过隧道到浦东的"世纪"系列，形成了上海的观光黄金走廊。

从 1992 年开始，老沈和他的志同道合的战友绘制出了第一张《陆家嘴金融贸易区简图》，之后他持续了 15 年，共参与了 15 张地图的绘制。2007 年，他以近一人高的《上海市浦东新区地图》收官。15 年，在一个人的一生中是不长不短的一段，但是在 60 岁退休以后参与编制 15 张地图实属不易。都说人生有几个黄金时期，60 岁到 70 岁属于人生晚年的黄金时期，这个时期没有了工作压力，孩子已经长大成人，有了属于自己的时间可以安享晚年。可是老沈开启了和浦东发展并肩跑的模式，通过绘制地图即时记录浦东发展的历史，为市民的出行服务，将人生黄昏的光和热全部奉献给了浦东社会进步的事业，圆满诠释了什么叫作平凡出于伟大。[2]

有规则，有秩序，有道义，是社会进步所必须具备的素质。当规则、秩序、道义受到损害时，一个进步的社会能够自行进行调节、干预，而在这其中有三种基本手段，一是社会的自治系统进行调节，二是具有公权力的行政系统进行干预，三是具有社会强制力的司法系统进行处理。

这三者之间，司法诉讼的成本虽然是最高的，但却是不可或缺的。在浦东这个大型社会里，每天都有大量的社会矛盾纠纷在民间产生，社会需要司法手段去"定分止争"，百姓需要社会给予司法救济。虽然社会上有一种呼声：让普通百姓打得起官司，但是能用法律手段将矛盾化解在诉讼之前，化解在萌芽状态，往往成本较低，社会效果也往往不错。

裴蓁，新区政府法制办的公职律师，在他名下有一长串荣誉头衔：上海市劳模、上海市优秀志愿者、上海市首席人民调解员、上海市学法用法模范公务员⋯⋯。他这一辈子从事的就是法律工作，现在兴许已经七十开外了，但是他那执着、较真、坚韧的法律人的品性在我心里留下了难以磨灭的印象。

裴蓁1995年就投身浦东开发的洪流，一投入其中，他就有一种强烈的感觉：虽然浦东像一列风驰电掣的火车呼啸奔跑着，但是却有大量的事关法律的社会矛盾需要法律人去化解。他立志做一个全天候、无时限的法律志愿者，为需要司法救济的平民百姓提供帮助，将问题解决在激化之前，而新区政府则为他设立工作室创造条件。

裴蓁是一个说干就干，极其认真的人，他把每个月的15日和30日晚上作为自己的"法律夜门诊"时间，为了方便百姓，地点就设在社区居委会里。到了时间，不管那天是休息天还是节假日，他都骑着他那辆上海人称之为

"老坦克"的破自行车,赶去夜门诊。在那里,他轻声细语,条分缕析,细心地为老百姓解疑释惑,耐心讲解有关司法规定。对于上门求助的百姓,认真看递交的材料,为他们撰写诉状,眼看着时间在一点点流逝,可他还是那样的不厌其烦,就这样常常忙到深夜11点,再拖着疲惫的身子,骑着"老坦克"回家。

作为律师,裴蓁却并不热衷诉讼,他喜好调解。他不认为自己是传统意义上的"老娘舅",他觉得即使是调解,也要合法、合情、合理,不能无原则地和稀泥。

社区里有一对继母女,因为新房的产权问题产生矛盾,反目为仇,意欲到法院打官司。裴蓁接手此事后,做起了劝说调解工作。他说亲人之间对簿公堂虽然能够得到依法判决,但亲人之间感情受伤后,将很难弥合,不值!他花了一个多月时间,既讲法又讲情和理,终于说动要到法院的作为女儿的一方,使得双方互相谅解,和平解决了此事。这家的老人内心感激不尽,专门致信《新民晚报》,感谢裴蓁让她度过了一次家庭危机,让她可以安享和谐的晚年。

一对60多岁的退休老夫妇已经离开上海38年了,可是祖传的私房产权证的权利人登记错了,造成有家难归。他们闻得新区有个主持公道,能够仗义执言的裴律师,于是像找救星一样登门求救。

面对无助的老人，裴蓁二话不说，揽下了这活儿。他用自己的业余时间在错综复杂的行政、民事法律关系中寻找破解疑难的法律途径，先后为老人联系了市政府、镇政府、村委会、市房管局、市房地产交易中心、法院等多家部门机关。一年多过去了，他几十次在部门间的兜兜转转，终于修得正果，为老人要回了应当享有的房产权。

在等待中近乎绝望的这对老夫妇喜出望外，感恩之情无以言表，花了100元制作了"党的好儿子，人民的好公仆"的锦旗，专程骑车赶到新区政府，将锦旗送到裴蓁的手上。要知道，这对长期蜗居在租借的小屋里的老人每次来找裴蓁，是宁愿骑上三小时的车，也不愿花8分钱坐公交的。这面花费100元制作的锦旗让裴蓁动容，使他热泪盈眶。

在裴蓁的眼里，社会上需要司法救济的人太多了，他不管不顾地向社会开通了家庭法律服务的"热线电话"，对外公布了当时最便捷的联系方式，即自己的BP机（即寻呼机）号码。这样一来，原本宁静的家庭生活彻底乱了，每天晚上，他都要接连不断地回答电话咨询，甚至于半夜里了，BP机还会响起，他自己难以安睡，家人更是不胜其扰。

好在他爱人也是一个热心肠的人，但是为裴蓁的健康担忧，难免会有反对意见，可是裴蓁却是一如既往地坚持自己的做法，执着地回答：反对也没用！

不仅如此，他觉得还要开拓新的联系百姓的渠道，便开出了"裴律师信箱"，理由是热线电话容易占线，让一些着急的求助者不方便，而且有些案例需要书面表达才清楚。

他就是这样一个总是站在求助者一边想问题，而不考虑自己的人。

有一次，他在信箱里看到了一封50多名外来打工者寄给他的"鸡毛信"。这些安徽来沪的打工者，年前都想着回老家与家人团聚，却被欠薪了。50多名工人一年近50万元的薪酬要不回来，回不了家，也没钱寄回家。走投无路、义愤填膺之际，他们把信寄到了信箱。

裴蓁从信里读到了他们的焦虑，更是发现了他们想走极端的念头。于是裴蓁第一时间就联系到他们，告知一定要依法行事，千万不能让有理的自己成为违法的一方，并当场承诺一定想办法帮他们要回属于他们的劳动所得。

一下班，裴蓁就骑着他的"老坦克"，直冲雇佣他们的相关建设单位，晓之以理，动之以情，告之以法，后来又多次上门唇枪舌剑地理论，直到使这些工人，在节前拿到了拖欠的工资。

整个过程，这些外来打工者没有跟裴蓁见过一面，连句感谢的话都没机会讲。事后，他们制作了锦旗送到了裴蓁的办公室，希望能见到帮助自己的恩人，但还是未能如愿，只能将锦旗默默地放在裴蓁的案头。

从第一个挂在洋泾街道的信箱开通的那一天起，裴蓁始终都坚持一封不落地看，并且尽可能地及时回复。后来信箱发展到了十多个，他一个人看不过来了，他的爱人和居委会干部就帮着他一起开信箱，但是看信和回复还是要他完成。写信的人各异，说的事更是五花八门，有的来信重复拖沓，裴蓁还是多次回复，如此不厌其烦，不是常人能够做到的，可是裴蓁却始终如一，因为在他心里很少有自己，他总能体谅到来信人的不易。在他看来，一封看似平常的信，可能给一个人带来生活的转机，他不能使每一个求助他的人失望。

裴蓁的心里装着社会上的求助者，他始终要求自己的，就是民有所求，我就要有所为。他还和每个求助者约法三章，就是不要任何请吃，不送任何东西，不要任何表扬。如果做不到，就不再为他提供服务。

然而,"桃李不言,下自成蹊"。各种媒体对他的宣传报道难以阻挡。裴蓁出名了,来找他的咨询电话更多了,有时近百个电话打过来。在电话井喷时,裴蓁担心的是自己的服务跟不上社会需求。于是他又和居委干部出版了《家苑小报》,借助小报,裴蓁把律师信箱搬到小报上。后来,又把信箱搬到了新区周报上,这样就将法律服务送到了千家万户。

在法律救助服务实践中,裴蓁发现常用的法律事务处理的依据,往往是老百姓生活里急需知晓的。于是他又给自己的工作加码。他挤出自己的业余时间,化整为零,用几年的时间写出了几百万字的资料,先后编写了《法在社区伴你行》、《居委会依法办事指南》等多本法律便民手册。

在社区百姓眼里,他是一个超级大忙人,一个超级大好人,但是就是这样一个总是骑着"老坦克"东奔西走的超人,一个经常挑灯夜战不知道休息的人,却是一个患有脊柱高度钙化症的需要静养的人。

裴蓁为社会上素不相识的普通百姓奔忙着,很多人看着他日渐衰老,看到了他的疲惫,心疼他长年累月的无私付出,劝他可以适时放弃了,可是他说,法律是我的生命的一部分,已经融进了我的血液。即便我退休了,我还是会做一个法律志愿者。[3]

平民英雄来自平民,让平民英雄源源不断地产生出来,为社会发展添砖加瓦,这是地方政府的责任,更是地方政府的幸运。

3. 政府不是四面八方

人们常说,钱不是万能的,但没有钱是万万不能的。在社会治理上也可以说,政府和社会都不是万能的,但没有政府和社会合作是万万不能的。

在教育事业方面,广大家长都希望自己的孩子进的是一家好学校,然而如何来评定学校的优劣呢?长期以来,人们的习惯是政府说了算,而浦东推行的是管、办、评分开,提出了政府管教育,校长办教育,社会评教育的模式。

大力兴办教育事业是党和政府义不容辞的职责,党以重教为先,政以兴教为本,民以助教为荣,是浦东一贯秉持的理念。早在上世纪九十年代,在区一级财力还很拮据的情况下,浦东就将86所镇办学校划入区统一管理,一步并轨,统一拨款,硬件设备和教师发展机会都拉平,而到农村支教的优秀教师每人每月给予津补贴。

浦东开发前十年，浦东地方财政用于教育事业的拨款年均增长40%以上。政府对于民办学校的扶持不仅在于资金，还提供了从师资教研到管理培训的全方位扶持。民办的新竹园中学始办于2007年，由于该校的千余名学生都是浦东户籍，该校每年都能获得上百万元生均补贴，而校方则将这笔钱全部投入到学校的硬件维护和师生的发展上。无论是教师培训、教研活动，还是特色内涵项目申请，该校都与公办学校一起参与，资源共享。这个民办学校在政府和社会的支持下，不到十年就在社会上获得了良好口碑。

在评定学校办学质量上，除了政府教育部门的中介机构参与外，新区还建立了多元主体沟通协商的制度保障，改变政府单一主体的评定模式，有序推进政府主导下的学校、市场、社会组织、社区和家庭多元主体协同的教育治理模式。

家长委员会很早就在相当多的学校里普及，而在一部分的公办中小学里，除了设有家委会，还建立了教师、家长协会和社区学校教育协作委员会这两个组织，这三者的叠加，组成了新区独创的"家、校、社合作协商制度的三级网络"，由此将家、校、社三方力量组合到一起。

为了进一步动员和组织社会力量参与教育事业，新区还扩大了政府购买教育服务的范围，涵盖了教育行政管理事务、专业教育评估、教育发展研究等。如购买浦东新区学前教育协会的服务，委托其对新区所有民办幼儿园进行日常事务管理；购买专业教育评估事务所的服务，对历年新区教育内涵项目的执行情况进行专业评估；购买浦东教育协会的专业服务，对委托管理学校的项目进行中期或终结性评估。在评定学校办得好不好这个问题上，新区特别有意识地让社会方面，包括社会组织和家长更多地参与进来。民办学校的办校成本经过政府教育部门认证后还不算完，还要向社会和家长公开，并要求学校与家长协商学费标准。这一系列的举措，在发展和管理教育事业上，将原来只有一种行政力量，变成了三种力量，政府的行政边界更清晰了，家庭、学校和社会力量的资源得到了充分调动，更重要的是无形之中推动了社会运作向更高水平发展。

政府的改革就是要不断认清自己在推动社会发展上的角色分工，多多挖掘社会的潜力，多多发挥社会各方面的作用。

医疗事业在浦东原来起点就不高，硬件严重落后于浦西，软件方面的医疗队伍水平和医院管理也与一流的浦东开发严重不匹配。到了新世纪以后，浦东出现了几个三级医院,硬件实力有了很大提升,但是软件方面需要改革推动的事情还很多。

在浦东开发之初,面对医疗资源紧张,病患之间常起冲突,患者埋怨医院、医院不满患者的情况屡见不鲜。当时,社会发展局的同志学习借鉴一些发达国家的做法,就曾提出能否引进市场竞争机制,推行"预先给付"制度,即政府把用于公费医疗的财力,按人头预先拨付给医院,如有结余留给医院,如果不够,也由医院自己解决,而享受公费医疗的个人则有一个自行选择定点医院的权利。这样做的好处是,拿到医疗人头费的医院必定会全力以赴地做好医疗保健工作,使得自己的医疗保健人群少生病,医院也自然改掉了开大处方药以增加医院收入的不良行为,而如果医院为了节省医疗费,该给患者开的药却不开,该给的医疗服务却不给,患者不满意可以用脚投票,另择医院。这样的话,定点医院成为了健康的守门人,医院既管定点对象的健康,又管了经费。可是由于当时各方面条件不成熟,改革只是停留在设想层面,但是可贵之处在于新区从未停止在这方面的持续探索。

新世纪初,在综合配套改革的推动下,新区选择了农村合作医疗板块进行了改革尝试,开始研究在社区推行全科医生制度。在国外考察学习后,结合浦东的社会实际,设计了在全国具有示范意义的全科家庭医生制度,让家庭医生来为农村合作医疗对象保健康,管经费。参合农民转诊到上一级医院,上级医院用的哪些钱可以报销,哪些钱不可以报销,也由家庭医生决定。经过家庭医生转诊到上级医院的报销比例高,未经转诊的,报销比例减半。为了提高家庭医生的积极性和责任感,新区的激励措施是,家庭医生每签约一个居民,最基层的医疗机构都会都到政府的津贴。新区将一年预付总额分解到四个季度,按季度分拨到社区卫生服务中心,社区卫生服务中心再把管理权限下放给家庭医生。

过去的分级诊疗制度取消后,现在医疗上的一个尴尬是大医院人满为患,本可以在社区卫生中心就诊的感冒等小病,大家都往三级医院挤。按人头预付后,医疗经费的管理权位移到了社区,而社区卫生中心又通过家庭医生对签约居民的健康和经费实行双重管理,使得首诊在社区得到了保障。

如果患者不听家庭医生的建议,执意要去大医院就医怎么办?当年有一个记者采访到了一个真实案例,一位女患者自述心慌、胸闷,自认为要去大医院就诊,检查心脏问题。而其家庭医生认为是更年期综合征，自述症状是身体发出的错误信息，因此只要保守治疗调养即可好转。但是这患者不接受这个说法，于是到大医院排队就医检查，一圈折腾下来，结果还是更年期综合征，人受累了不算，还增加了自己的医疗费用支出。这个案例也说明家庭医生的水平还是不一般的。

这套改革措施施行下来后，原来超额的经费到第二年即下降了，到第三年竟然出现了结余。另一方面，第三方测评机构经过随机调查，发现参合人群对医疗满意度逐年提升，甚至达到了100%的满意度。

有人说改革是有路径依赖的，能够进行体制改革的就尽量从体制入手，而一时难以动体制的，就从建立新机制着手。这固然有道理，但是一切改革都需要正确的理念。新区党委和政府的理念就是用党的政治优势、组织优势和政府的行政资源，不失时机地培育大社会和大市场，用成熟的社会和市场支撑小政府的有效运作，尽可能地将社会事务交给社会，将企业交给市场。

新世纪，新时代，中央赋予上海科技创新城市的重任，要求上海成为有全球影响力的科技创新中心，可谓任重道远，而浦东更需要一马当先。

科技创新当然需要政府资源的投入,然而科技创新的主体是企业,国有企业需要有创新的动力和活力,民营企业需要有创新的财力。新区在第一时间就建立了政府的科技创新基金,用以支持企业的科技研发,问题是:这个基金投向何方?由谁来选项目?新区为此专门开展了一个名为"慧眼工程"的研发资金选项工作,具体事务落在了新区科委。在这项工作中,政府部门的优势在于目标明,视野宽,但是眼光未必准,投资失败还将被追究责任。政府在其间当然知道自己要什么,但不知道哪一个企业能行,面对众多嗷嗷待哺的,都举着科技创新旗帜的企业,要卓有远见地选择确实需要智慧,还需要勇气。

新区政府还是继续秉持与社会和市场合作的态度,绝不搞一言堂,一家说了算,而是组织了一个专家组帮助政府部门进行遴选,也就是借助社会的慧眼识企业。同时,新区自己的科创公司,作为国企也积极参与到科技研发项目中,作为新区自己的"宝贝儿子",接受政府的指令,向政府要钱,根据政府的指令办事交差,这是它们的原始本能。但在"慧眼工程"里,政府并不给自己的国企吃偏食,开小灶,而是逼着它们面向市场找项目。在这样的导向下,新区的科创公司所选的项目基本上都有三个特点,一是符合新区政府的选项目标,二是社会专家广泛看好,三是民营企业把自己的身家性命财产都扑上去。由于有了政府、社会、市场的三认可,新区投到自己科创公司的钱基本都产生了实效。

第三节
推进政府事务重组，接受社会监督

依法治国，建立法治社会，是我们的国策，也是推动社会进步的题中应有之义。说到法治，有些人就想当然地认为是政府对老百姓的治理，其实法治的含义里面，相当多的成分具有治权的内容。对政府而言，所谓法无授权不可为。政府的权力是有限的，有边界的。政府所有的行政权力都是人民赋予的，当然要受人民监督。

政府改革就是政府刀刃向内，自我革命。浦东当年就推出了政府改革的六大工程，即政府事务重组工程，理顺事权关系工程，阳光政务工程，政社合作互动工程，政事分开工程，效能促进工程。其中在推动一门式社区事务受理中心建设过程中，专门成立了流程组、质量组、IT组、革命组等四个小组。为了守住小政府的编制，缓解行政编制的紧张，新区尝试采用了政府雇员的制度，这些行政雇员分为技术保障类、行政事务类、高级顾问类等。

政府改革就要厘清政府职能，将那些本该由市场和社会做的事情剥离以后，市场和社会管不了的，或者一时没有能力管的事务，政府就要把它扛起来。老百姓里长期以来有一句话，就是政府往往把能够管得住的事和人管得死死的，而对那些难管的事和人视而不见。原因就在于行政职能部门之间推诿责任的空间太大，那些难管的人和事往往是多个部门都能管，多个部门又都能推给其他部门管，部门之间的推诿扯皮使得有些难题久拖不决。例如，工商部门管发营业执照，而无证无照的工商部门却可以不管，工商部门把这推给城管部门管，而城管又可以将此事推给公安、房管、药监、食品监督等部门，甚至于条线部门的神仙吵架没有结果时，还可以将难题推给街道乡镇，条线之间的推诿又变成了行政条和行政块之间的推诿。这样的故事在各地反复发生着，充分说明了政府事务重组的重要性和必要性。

然而真要改革，说来容易，做起来却很难，浦东决心带头吃这个螃蟹。浦东开发开放以来，一直根据经济和社会发展的需求，进行着各种行政机构的改革尝试。成为综合配套改革试验区以后，浦东从提高市场监管效率出发，反复研究市场监管机构的重组方案，终于在2013年12月31日，率先成立了市场监督管理局，将工商、质监、食药监等部门整合在一起。部门整合后，首先遭遇到的是近两百种执法文书的整合运用,要知道那可是涉及到数百部法律法规的大工程。这个新部门为此专门成立了工作专班,按照能合并尽量合并的原则,完成法律文书的统一,在最短的时间内,编写了系统化、可操作的执法指导手册,完成了人员的培训,使得行政执法者做到一专多能。

物理意义上的整合虽然痛快,但是整合以后的化学反应却需要经历一个长期甚至有点痛苦的过程。原来浦东的工商、质监、食药监三个局,都在桃林路上自立门户,这三个局的职能,即使在1992年浦东新区管委会体制下也分属三个部门,如今一夜之间变成在一口灶里吃饭的部门了。新部门开张后首先是拆围墙,因为在新掌门的心里感觉到,只有先把眼前看得到的围墙拆了,心里那些隐约的墙才会逐渐消弭于无形。然后就是业务之间的壁垒打破。原来质监部门有特种设备处,食药监部门有药品处,虽然都是执法部门,却都是"个人自扫门前雪"。成为一个局以后,各自的执法视野都不由自主地开阔了。药品处的执法人员去药厂检查时,开始关注起药厂里的电梯和锅炉,于是就邀约局里的特种设备处同往。被检查单位最直接的感受就是原来分为两次的接待,现在一次就完成了。新区范围内的餐饮业历来都是工商、质监、食药监执法检查的重点,以往三个部门都自行其是,尤其到了夏季,到了节假日,各类检查使得企业应接不暇。如今三合一,一支检查队伍好似全科医生,来的执法人员少了,执法力度却加大了。大家的感受是"衙门"少了,凡有投诉只要找一顶"大盖帽"就可以了。

第四节

从善如流，学会倾听

我国政权的性质规定了各级政府要执政为民，情寄于民，我们的政府一定是一个服务政府、责任政府、效率政府、法治政府。

服务型政府如何作为？当然要多听服务对象的意见，所谓听政于民，问计于民。浦东清楚地知道，政府的服务不能自己关起门来拍脑袋去想，而应该到群众中去听，一个从善如流的政府，一定是一个善于倾听的政府。只有认真、耐心地倾听来自于各方面的声音，政府才能择善而行；通过认真、耐心的倾听，政府还能与社会各方进行交流，不仅能知道群众的所想所盼，知道民众想要什么，同时也让群众知道政府想做什么。群众有困难可以找政府，政府有困难也可以找民众询计问策，形成双向对流。

认识到位以后，就是路径选择。浦东区委、区政府在地区发展的规划修编时，注重听取民众意见，请人民代表拿着规划草案到社区听取居民意见。只要合理的意见，照单全收；对有理不合法的意见，则耐心做好解释工作；对合理合法但一时难以做到的意见，则细致地做好说明，并记录在案，一旦条件具备即付诸实施。

大的规划要听取群众意见，小的行政管理措施只要事关百姓的，也主动征求意见。公安交通部门欲加强道路随便乱停车的管理，在划定禁停标志线时，听到群众反映某些商业区域道路较宽，希望不要一刀切，可以在特定时段、特定路段允许路边停车，以方便群众。公安交通部门经过分析认为可行后，即遵从民愿，这立马受到群众赞扬。这里赞扬的不仅是这一便民措施，而且是首肯了这种听证于民、实事求是的做法。

为了扩大"听"的范围，建立起不断"听"的制度，新区更是开启了市民议政会的路径，并且让它成为了"1+23"的常年例会，即区级政府加上当时的23个街镇联动，用以提高政府工作人员与市民的权利诉求打交道的能力。这里的可贵之处在于作为强势一方的行政权力部门，看到了并能尊重市民向政府提意见、提建议的权利，不尊重或无视这种权利则被视为政府的失责。

有了政府认真地听，就不愁市民群众当真地讲。在2006年的一次政府的工作会议上，举到了一个例子。广东汕头的裴先生日前收到了一封来自美国迈阿密规划设计院的挂号信。该市人口约 20 万，其纬度与我国汕头市差不多，是美国唯一的热带城市。裴先生很奇怪，他没有亲朋好友在迈阿密，对其规划设计院更是连听都没有听到过。于是让邮递员退信。邮递员摇头说："收件人的姓名地址准确无误，不具备退信条件，假如你坚决不收，就按拒收办理。"裴先生只好抱着试试看的心情，打开了那封信，信是用中文写的，信里写道：首先感谢您积极关心我们的道路绿化建设。您在《意见书》中提到，希望我们在路边多种乔木，以让行人遮阳避暑，还推荐了紫荆、龙眼、白玉兰、芒果四种树木。您的看法有较高科学性，愿望也是良好的，我们很赞赏。的确，乔木在保护水土、改善环境方面，效率比草地高。我们的道路绿化，现在初步决定以乔木为主，间接种灌木，每隔 200 米换种一种乔木、一种灌木，以充分利用空间限制病虫害蔓延。对你推荐的四种树木，我们做了研究，认为龙眼树可以种，但是紫荆、白玉兰、芒果不可种。我们的理由是：紫荆花虽然很美丽，但它的树叶新陈代谢太快，它天天都在长新叶，落旧叶，落叶量太大，这会增加清洁工人的工作量。白玉兰的花虽然芬芳，但它长高后可达十多米，木质不够坚韧，遭遇大风容易折断，会危害车辆与行人。芒果树挂果，的确给人丰硕兴旺的美感，但它成熟后掉落时可能会砸伤行人，掉落在地上的还会让人踩到时滑倒。如果您对我们的初步决定有不同意见，希望来信讨论。读到这里，裴先生恍然大悟。那是去年夏天，他与在美国读书的表兄到迈阿密游玩，在路边休息时收到当地市政人员派送的一个礼品袋，里边有一支牙膏，是赠品，还有一封《征询意见书》，他们计划从迈阿密市新开一条公路，全长3万余米，特向当地居民与过往行人就公路两边的绿化建设征求意见。信里附有《意见表》和一个空信封。当时裴先生就感到力不从心，因为英文太差，想不理它，但看到那支牙膏，心想受人之惠，应该回报，于是便用中文写上了自己的意见。记得他表兄当时曾说，你用中文填写，人家看不懂，别白费心思了。裴先生说，他们怎么看是他们的事，反正我按我的心愿来。裴先生万万没想到，迈阿密规划设计院的人员不但认真研究了他的意见，而且还通过他留在意见书上的表兄电话，问到了他在广州的地址，把回信寄到了他的手上。

这个例子给了大家三个启示：一是城市的主人是市民，政府的作为要符合主人的意愿；二是政府的工作要精细，要考虑到方方面面的感受，尽量做到零缺憾；三是问计于民、听需于民要尽可能深入广泛，包括城市的客人，这样更能体现城市的胸怀。

其实,这是一代又一代浦东开发者始终不变的世界眼光和人民立场。

2006年,在听证于民的过程中,新区政府听到了浦东居民要求完善公交线路的呼声。应该说,整个上海的公交总体上都是完善的,但作为老牌国企,有着吃大锅饭的毛病,公交职工有铁饭碗护着,管理者也缺少经营意识,其服务水平不能令人满意,而且还严重亏本。后来进行了市场化改革,把公交企业推向了市场,经营者开始过分追求利润,对一些严重亏损的线路,进行并线甚至撤线。有一段时期,为了降低劳动力成本,公交企业职工下岗过多,不少无人售票车因无人服务而秩序混乱,市郊及其冷僻线路更是没有经营积极性,还有就是马路上冒黑烟的公交车也多了起来。继续市场化,老百姓有意见,回到国企体制,又有人说是走回头路。怎么办?需要重新理清思路。新区感到,首先要明确公交的性质是公益性的,民生性的,它的服务不能受到企业效益的制约,况且它还是一个城市文明的流动窗口。反观世界上不少国家都把公交作为政府保障的范畴,有的国家还把公交驾驶员作为政府公务员对待。简单地将公交推向市场,一定程度上是政府失责。因此,公交企业还是要姓"公",国有或国有控股,但是这又不等于回到大锅饭、铁饭碗。新区回应社会期待的对策有三条,一是坚持公交公益性的定位,二是引进市场竞争机制,三是给予合理的补贴。施行的结果是,公交线路的设置不再惟利是图,只要有大众需求,该坚守的线路就不要轻易取消,该补充的线路和站点就要想方设法及时补上。公交站点的设置同样倾听了沿路居民的意见,原来有的站点附近经过旧区改造,新建起了高档住宅,公交车不再是里面住户出行的主要和必须,相反,公交车站点的喧闹声成了噪音,于是站点就迁移到了更合适的更有需求的地方。浦东的公交企业划小了核算单位,将线路作为经营基本单位,有的热门线路在企业内部直接进行竞争性招标,有的冷门线路加上政府补贴也进行招标,不把企业全部推向市场,但企业内部有了竞争机制,冷僻线路有人经营了,空缺线路也有人愿意去补位了。

一年一度的政府财政预算,原来都是政府关门敲定后,递交到年初的人代会上交付人民代表审核通过。但问题在于人代会会期短,代表们中间又有很多对财政预算这门业务不熟悉的,能够看懂门道的代表少,这样的审核难免走形式。新区政府主动提出了一个想法,即请人大提前介入政府财政预算，在政府财政局年底编制来年行政预算时，就由人大参与进来。这样的话，人大不仅获得了充分的提前时间量，而且人大机关既然要提前参与，就要到群众中去听取意见，可能还要请一些专业人士帮助指导。用政府部门的说法，就是将公共财政预算的指挥棒的一头交到人大手上。在实施这一变革时，人大和政府的确也听到和看到了一些财政预算不合理的地方。例如，群众经常会看到一个情况，每年第四季度，道路施工较多，有的开挖埋管，有的进行路面翻交，有的重新做隔离栏等，而其中一部分道路看上去并没有到需要修缮的程度，其原因就是年度预算里的建设性资金没有用完，或者是有些施工队为了完成年度经济指标，为政府揽活。这说明了不仅是这一方面，一定还有其他更多方面，财政预算的合理性和精准性有进一步提升的空间。在听取意见的时候，人大和政府还听到一些群众反映，政府财政预算里，基本建设一直占着较大的比重，有些属于过度投资，有些属于超前投资，一方面这是因为基建项目看得见，摸得着，容易出形象；另一方面也因为长期的基建投入已经催生出了庞大的基建队伍，这些队伍嗷嗷待哺，也容易推动基建项目的出台。群众希望政府关注一些文化方面的救济，如地方民俗的保护，包括地方沪剧队伍、"浦东说书"传承的补贴等,这些与基建项目所需的资金相比,可谓九牛一毛,,但对于被救济到的方面来说,可以起到久旱逢甘霖的效果,实属事半功倍。

编制预算的思路和方法一改变,带出的对政府的触动确实不小。政府一口气制定了人大、政协全过程参与和监督政府年度财政预算、计划安排的办法,制定了实施财政预算绩效评价的办法,制定了财力投资项目后评估的办法,制定了街道财力安排听取社区居民意见的办法等,这不仅使得公共财政资金用得更合理,更重要的是帮助政府进一步树立了执政为民、问需于民、接受监督的观念和意识。

区和镇的财力安排还有人大审议批准的程序,随着政府财力的逐年增长,长期的施政经验告诉浦东的施政者,凡是和民生搭界的资金,基层使用的效益往往好于上级,因为基层一线更贴近群众,更"接地气",因为基层的财力有限,更会精打细算。

于是下沉到街道的财政资金也逐年上升,但是,这笔资金如何使用的决策权在何方,又如何接受群众监督,这也是需要制度设计的。在基层领导的觉悟、能力和制度安排之间,往往制度更靠谱。

经过基层实践,新区的领导大力推广了陆家嘴街道首创的一个名为"自治金"的制度，其背后的思想理念就是"把百姓的钱袋子还给百姓"。制度规定：街道的自治项目必须让百姓得到实惠，让百姓有获得感；街道的自治项目必须来自居民的需求建议；街道的自治金的数量必须由项目决定。这三个必须，使得每个街道的财力分配不再"一刀切"、"撒胡椒面"，促使街道一线认真积极地去倾听居民的呼声，注重居民群众的切身感受。街道在"自治金"的使用上，过去习惯了领导圈阅同意，如今，同意权回归到居民手上，街道自觉尊重居民群众"同意"的权利，并认真设计为居民办实事的项目，心甘情愿地接受来自于居民的监督。

时任陆家嘴街道党工委书记陈安桥认为，为居民办实事的钱，过去基本上由居委干部说了算，现在要改为由居民群众说了算，有了参与就有了认同，这种参与，能切实提高居民群众的自治意识和能力。

居民"自治金"采取的是项目化运作模式，居民提议项目，街道予以审核。首先是居委会通过问卷和访谈等方式，广泛征求居民意见，然后在此基础上确定备选项目，经街道审核后，最终交由居民代表大会讨论通过后组织实施，项目经费使用结果还要向社区公示。

该街道的陈家门居委会首开纪录的"自治金"项目是"无堆物楼道",每月15日居住在这一小区的居民都会自觉参与到楼道的清洁工作来,居委干事为每一位参与的居民在"小红旗竞赛"榜上贴上一面红旗,到了年底有一次总评比。梅三居委会设计了"爱心铃"项目,它通过小区内的志愿者与老人结对后安装"爱心铃",平时老人有什么需求,就可以按一下铃,志愿者就会上门服务。位于梅三居委会一幢居民大楼里,有一位80岁独居老人,与她结对的志愿者每天都在固定时间会见她。有一天,志愿者去了两次都敲不开门,于是打电话给消防,等到消防人员打开门,发现老人蹲在浴缸里。原来老人中午洗澡时由于腿无力起不来了,所以开不了门。经过这一番折腾,老人自理能力下降,结对的志愿者又帮老人送了几天的饭。梅三居委会还有一个自治金项目是"和气加油站",每周三上午有两个小时时间,小区的志愿者都会参与到调解邻里纠纷中来,不要小看这样的调解,它避免了更大的冲突发生,而且也减轻了司法调解的压力,降低了冲突双方调解的成本。

该街道有一个小区内,居民养有近百条大小宠物,主人遛狗不牵狗绳,宠物随地便溺,同住居民意见很大。他们用"自治金"给养宠物的家庭都赠送了一根狗绳,并且鼓励宠物主人们建立俱乐部性质的组织，制定文明养狗公约，这样小小一笔资金，促进了文明养犬的新风气，和谐了邻里关系。[4]

"自治金"项目使社区里的能人有了崭露头角的机会，"自治金"制度也在实践中不断完善，从 1.0 版本上升到 2.0 版本，群众的自我管理能力不断提升，社区和谐的程度不断加强。

一段时间实践下来，有些情况发生了微妙的变化。过去，老百姓得到实惠后，感谢区领导的较多，现在老百姓感谢街道干部的多了。特别让区里满意的是，老百姓感谢居委会这个群众自治组织的多了，说明居委会向居民自己的组织回归了，居委会更像是一个居民自己的组织了，居委会在居民心中的地位变了。政府的意识出现了转变，从习惯的替民做主，转变为由民做主。可以预期的是，居民群众的自治能力在党和政府的扶植支持下将不断增强，从而进一步推动着浦东社会发展水平的进一步提升。

第五节

持续提高行政效率

《浦东开发》杂志上曾经刊登谢国平的一篇文章。该文讲到了1990年9月10日，在上海市政府为浦东开发举行的新闻发布会上，一位美国记者尖锐地问时任市长朱镕基："上海的官僚主义像长城石头一样坚硬，你们如何来改变这种状况？在外商的投资方面如何使浦东新区变得更有吸引力？"由于长期的计划经济体制影响，那时全国行政机关行政审批事项和审批环节都十分繁琐，以至于有的外国记者揶揄道："这是一片满布公章的土地。"当时在上海搞一个项目，要盖148个图章，办事程序也不透明。朱镕基很坦率地告诉记者，我跟你一样痛恨官僚主义，但也可以说官僚主义是世界通病。上海过去批准一个项目要盖一百几十个图章，我们现在建立了外资委员会，目标是审批外资只盖一个章。

在浦东机关工作的人员明白，一个地方行政效率的高低不仅影响当地的投资环境，而且直接或间接地影响着当地的社会心理气氛，关系到当地的社会和谐。

浦东的机关工作人员看到,世界各国的政府都在持续改善着自己的行政效率,仅从亚洲地区看,我国的香港特区政府就设有"效率促进组",在日本有"行政创新大臣",专司提高行政效率。因此,提高政府行政效率是社会的需要,也是政府自身的需要。提高行政效率和政府行政流程有关,与工作人员的作风有关,所以提高行政效率一直在路上。

当年,浦东在综合配套改革中融入了政府办事流程再造的内容,主要手段就是优化流程,将串联尽可能地改成并联,将流程放在"阳光"下,接受大家监督。十几年前,是浦东率先探索行政审批事项的流程改造,并将优化后的流程公之于众,然后制定和实施了电子政务平台建设方案,大力实施"阳光政务"工程,将企业办证办照的审批进度在申办大厅里实时公布,既能让企业看到自己的申办项目进度,同时也让大家对照流程和时间承诺,对行政办事部门实施监督。

从2006年7月开始,浦东出台了自上而下的问责制,目的在于形成清晰完善的责任体系,形成对公权力的强制规范和约束,使得权责统一;出台了社会第三方的评估制,包括体制内的自我评估和体制外的相关评估,把政府的行政行为置于全社会的眼皮之下,把政府服务的评价权交给群众,使得政府的行为更加规范、透明、廉洁、高效;出台了体制内的监察制,包括传统办法的监察和动态性的电子手段监察。

2006年7月24日,浦东行政效能投诉中心建成,原先分布在各系统、各部门的对行政机关及公务员的投诉处理集中到一个部门,形成了统一投诉、统一受理电话和网上投诉信箱、统一监督办理的效能投诉机制,可以保证群众投诉渠道的畅通。

2007年12月27日,"浦东新区政府权力公开网"正式开通,新区的党务、政务、事务的权力运行只要能公开的,都在网上公开。公众想查询相关政策规范、了解办事进程,以及提出意见,只需要进入这个网站即可。这些制度和做法,完全符合现代法治国家的理念,得到了全社会和国家层面上的高度认可。

箭在弦上就要射出有力的一箭,而政府的改革绝不是一蹴而就的。新区不断地踏着党和国家发展的大节拍,高举改革大旗,始终鼓起先行先试的勇气,从本世纪的头上,持续用了十年的时间推进了六个轮次的行政审批制度的改革。

浦东第一轮行政审改开始于2001年9月,是上海市第一家,主要内容是"瘦身",重点去除政府不该管、管不了又管不好的事情,真正将社会事务还给社会,将市场主体交给市场。第二轮行政审改开始于2002年7月,浦东再次在制度改革上率先起步,改革的关键词是"开放"。在新区第一轮审改方案批准的10项审批事项,试行告知承诺制的基础上,再扩大试行14项审批事项,在市场准入环节方便了企业。第三轮行政审改开始于2003年11月,主要重点是"转变职能",这轮改革直接促使了国家《消防法》的修改,浦东先行先试的成果得以在全国推广。第四轮行政审改开始于2006年5月,主攻"管理科学化",强化部门协同。第五轮行政审改开始于2008年6月,取消了232项行政事业性收费,使得浦东成为全市行政事业收费项目最少的地区。第六轮行政审改开始于2010年,这一轮继续强化公开透明,全力推动行政审改标准化建设,行政审批信息化平台落地运行。

经过六轮改革,浦东实现了行政审批协同度更高、透明度更高、服务质量更高的新跨越。每一轮行政审批制度改革,浦东都对改革结果进行社会评价。新区不断探索的步伐都在向现代责任政府迈进。

然而，社会上对提高行政效率的呼声从来没有断过，新区政府自我否定的思维也从来没有改变。新区的领导要求各部门养成这样的思维习惯：对群众的诉求，自觉作有理推定；对群众提出的问题，自觉作有解推定；对群众的批评意见，自觉作有过推定。

当年，在老百姓口中和意识里，到政府部门办事，门难进，脸难看，事难办。门难进，就是进不了门，或不知道该进哪扇门；脸难看，就是公务接待员永远都是一副公事公办的"扑克牌脸"；事难办，就是跑一趟肯定不行，反复往一扇门里跑几次，或是在几扇门之间来回跑。尽管在各级行政部门努力下，这种"三难"情况已经有了根大改变，进门容易了，不少部门开出了接待窗口，接待员脸上笑容多了，但是事难办的问题没有从根本上解决，可办可不办的，一般倾向于不办，能一次办结的，往往要拖上几次。如第一次进门告诉你要有证件照，等到交了证件照，又说尺寸不对，第三次尺寸对了，又说需要彩色的。当然这是较为典型的例子，但是类似的，不一次性将事情交代清楚的情况，在上世纪九十年代还是大量存在的。市民对政府部门窗口服务的诟病不绝于耳。因为一次办结率太低，大约有90%以上的事项需要往返四次以上，公众满意度普遍不超过60%。于是，到政府部门办事，能托到关系的就尽量找人托关系，这成了民间的一种普遍心理。

毕竟人们的社会心理状况，来自于社会生活实际，直接形成于现实生活迹象对人们的刺激，而一种社会心理势必导致出一种社会情绪基调，从而促成一定的社会风气。

浦东的开发者认识到，要改变人托人办事的社会风气，不是一句"转变工作作风"的口号能解决的，而是需要改变政府的办事流程和办事方式。

2004年初，浦东新区第41次常委会通过了由区劳动和社会保障局（民政局）递交的《关于浦东新区政务办理中心建设的建议方案》，从此浦东和上海一起开始了长达十余年的持续探索与实践。

2004年在三个街道开展社区事务受理中心的试点，2005年在区级平台市民中心开始一门式受理，从而完成了一个区级平台加上二十四个街镇平台的模式，即所谓的"1+24"。2006年，随着市政府要求全市各社区都建设社区事务受理中心，并列入政府实事工程，浦东的步伐更加坚定。2007年，市政府又提出了标准化建设要求，并召开推进会。2009年，完成全指标分析系统的开发，使得后台大数据可比较，可分析。2010年，完成《上海市社区事务受理中心评估验收标准》的制定。2011年，完成《社区一门式中心事务受理员职业标准》的研发。2012年，全市层面实现了从"三多"（多门、多口、多头）向"三一"（一门、一口、一头）的转变，并且真正使得"全年无休"、"全市通办"和APP手机版等更便捷服务模式在全市实现。

那一年，市审计局专门做了一次居民满意度调查，满意度竟然达到了97%。

2013年，上海实践的成功经验引起了国家层面的高度重视和肯定，民政部、国家发改委、工业和信息化部、公安部、财政部在上海召开全国推进会，并联合下发了《关于推进社区公共服务综合信息平台建设的指导意见》。2014年，《社区公共服务综合信息平台基本规范》国家行业标准发布。2015年，国务院下发了《关于规范国务院部门行政审批行为改进行政审批有关工作的通知》，明确指出要一门受理，一口受理。2019年，上海市委、市政府更是提出了"一网通办"，"一网统管"，提出让人民群众到政府办事，像网购一样方便。

浦东在建设一门式服务的过程中贯穿了问题导向的理念，首先将现存的问题作为建设方案的逻辑起点，当时专门请了服务质量专家去现场勘探了解，用专业的眼光去看问题的门道,专家们给出了一份《窗口单位服务质量白皮书》,提出了造成满意度低的十二大类、72个问题。基于此,新区针对性地提出了以"便捷、透明、亲和"为目标的改进措施,使得存在的问题逐渐归零。

新区领导明确提出了一门式的受理,前台要"软",即要放下身段,不简单地说"不行",而是要多说"行",尽量帮助群众办成事,因此要宽容性接待;而办事的后台要"硬",即相关部门办事窗口从物理整合迈向化学反应,通过流程再造尽量支持前台把受理的事情办成,不推诿,不扯皮,大家多走半步路,多个部门,一个政府,无缝衔接。

要做到这些,让"群众少跑一趟路,少跨一个门槛,少走一道程序",光有态度不行,更需要技术支撑。浦东选择了一批三观相同的专家具体负责技术研发工作。"上海一门式研发中心"创始人赵海然博士就是这样一位年轻的专家。之前她在飞利浦做供应链黑带,当得知浦东政府正在找流程专家时,她兴奋地说,过去我用供应链技术为私人老板赚了很多钱,没想到新区政府想用这种技术为老百姓服务,让老百姓办事更方便。于是她辞去了外企的高薪职位,创立了一门式研发中心这样一个非营利性机构,专门从事以客户为导向的"一门式"技术研发。在专家们的协助下，新区的一门式服务系统先后引入了流程优化技术、六西格玛服务质量监控技术、IT互连互通技术、条形码技术和大数据分析技术在内的六大技术，来支持这一创新变革的实现。

有意思的是，政府的这一变革竟然还遇到了"市场"和"技术"的考验。在试点取得初步成效时，一些市场主体看上了该项目的政府背景，又误以为一门式只是一般的IT技术，由此产生了市场遐想，想与这个政府实事项目捆绑在一起，在面上推进时推销他们的东西以赚取利润，这当然受到了拒绝。个别企业竟然用了威吓和诬告的手段来逼迫一门式工作小组就范。另外，在技术应用方面，当后台互连互通技术碰到瓶颈时，有人建议用黑客抓捕技术来实现，但工作小组的同志坚守法律和道德规范的底线，不采用不具有合法性的一切技术手段，坚持找出符合初心和宗旨的技术。在与技术人员反复充分讨论后，采用了缓冲带技术很好地解决了这一难题。

第六节
探索合作善治的分级管理社会体制

小政府不是弱政府,小政府虽然体量小,但行政效率要高,这是浦东新区自成立以来不变的追求。为了弥补行政公务员的不足,上世纪九十年代,浦东就有了全市第一个110电话报警系统,第一个法律援助中心。2005年,浦东又尝试建立了城市管理信息平台,这是数字城管的新探索,之后又建立了城市管理监督管理中心、城市管理指挥处置中心,浦东有了区域网络化信息平台,自主研发了移动督办呼叫系统,实行网格化管理,2006年就在当时浦东146平方公里地面上划定了4 684个万米单元网格,在城市管理上实行一口受理,一网协同,以期快速处置。2007年,城市网格化管理系统全面投入运行。然而尽管如此,浦东行政管理幅度过宽造成的发现问题慢、处置不及时的反映仍然不绝于耳。

浦东原来就是整合了全部或部分三区两县的土地形成的一个超大行政区域。新加坡才700多平方公里,而浦东开始为560多平方公里,现在为1 210平方公里,偌大的新区只有两级政府，一个镇动辄就是几十平方公里，甚至于一个街道也达到几十平方公里，可是街道只是区政府的派出机构，其管辖的面积却比市中心有的区的面积还要大。在浦西的中心区下面有街道办事处管着基层的事，而在浦东如一个区那般大的街道和镇，下面只有居委会、村委会，总有鞭长莫及之感。同时，浦东还有经济开发区的管委会，下面既有开发公司，又有居民区。在这样的行政框架下，从社会发展和社区治理的角度看来，难免显得交叉重叠，疏而有漏。

出现的第一个问题是行政的权责不匹配，出现在基层社区里的社会治理事项，都在基层行政人员的眼光下，但是却常常碍于事权不及而解决不了，而基层冒出的问题，作为有管理权的中上级部门不能在第一时间发现，犹如一个人的手脚和眼睛是分开的，看得见的管不着，管得着的看不见。"小政府、大社会"背景下的浦东，就是头小身体大。

当年天津滨海新区曾经到浦东进行交流，当时滨海新区管委会下面有几个行政区，是否要像浦东一样，把行政区拆掉，形成管委会一统天下的局面？这样做的好处是有利于土地的统一规划、统一开发。浦东的同志实事求是地介绍了这样做的利和弊。从经济开发的逻辑而言，管辖的区域是越大越好；从社会管理的逻辑而言，管辖的区域相对小一点更有利于精细化管理。

经济开发的逻辑和社会管理的逻辑有时并不兼容。

当年浦东遇到的第二个问题是城乡二元结构的矛盾难以顺利解决。浦东开发之初，新区管委会就注意到了开发区快速发展中的农民、农村如何跟上的问题，当时不仅专设了一个名为"孙桥"的现代农业园区，还提出了用开发区带动农业、农村、农民发展的"火车头工程"。当年几大开发公司征用了不少农田，新区领导不止一次地叮嘱开发公司的头儿们说：你们要做火车头，你们要拖着车厢，车厢就是你们附近的街镇，拖着它们一起朝着现代经济的方向发展。可是二元结构的问题难以一下子解决，农民在征地中失去了土地，老农民虽有经济补偿和养老金，但没有了可以劳作的土地，难免有无所事事的烦恼苦闷；农村里的年轻人进了企业，进了城，再也不想过田间生活，在向城镇化过渡的某些阶段，难免农民不像农民，农村不像农村。有的老农户调侃道，农民不三不四，农村不伦不类，农业不上不下。

新区的领导清楚地明白，郊区是工业时代的空间修复，开发区的兴盛不能以农村的衰败为代价，郊区相比市区而言自有其特殊的功能。浦东有了以浦东命名的机场，机场是速度经济时代的空间修复，机场为荒芜的地理环境赋予了新的地理意义。上海有了虹桥机场，要建新机场，必须离开城市闹市区，但是机场离开城市，城市却追随机场，机场区域又会变成城市，这种情况的存在，说明了一个地区的发展必须要符合生态和谐的发展规律。

当时，浦东面临的第三个问题是城乡分割造成了开发区土地和郊区镇辖土地之间的土地价格不一，投入产出的水平更是有落差。每个镇都希望有自己的工业园区，自行招商，自行开发，而此时四大开发区的开发理念和开发机制已经相当成熟，但体制分割使得先进的东西难以在郊区推开。

为此，浦东新区区委、区政府从解决城乡二元结构、加强政府统筹、提高土地开发效益、提升项目能级、优化区域规划、细化社会治理、提高行政管理效能等方面出发，在全浦东建立了陆家嘴、金桥、张江、外高桥、三林世博、川沙六大功能区域管委会，希望由此借助行政和社会手段进一步推动城乡联动发展。在功能区域内提出了规划统筹、土地统筹、财力统筹。

在六大功能区域里面，当年的川沙新镇又是一个特殊的存在。川沙原来就是全国的百强县，川沙新镇的所在地就是原来川沙县委所在地。镇，作为国家的一个行政区划单位，具有特定的法律地位，党委、人大、政府、政协四套班子齐全，法律事权清晰明确。镇与乡不同的是，乡属于农村型行政区，镇属于城市型行政区。英语语系里的"town"，就是指小城镇。

为了提高川沙镇的社会治理能力，赋予川沙镇在地区上更大的行政事权，新区特地到国家民政部汇报实体性运作的想法，得到了民政部的理解，并且将此比喻为孩子长大了，原来的衣服显得小了。在各方面的理解支持下，上海市委将川沙新镇定格为副局级单位，并赋予了相应的事权，由此川沙新镇近100平方公里区域范围内的社会治理体系得到进一步的完善。

在社会治理上，通过将区一级行政管理事权下放到街道乡镇，扶持街镇在社会管理方面全覆盖，在乡镇层面首创了建立行政和社会自治力量结合的社区共治平台，由此，浦东首先在上海全市率先提出了"共治"这个概念。

几大功能区域都在不同层次上建立了社区委员会，这个委员会由政府代表、企事业单位代表、村居民代表组成的协商共治组织，承担起本社区内的社会事务管理、协调和服务。它作为社区共治平台，不是一级行政机构，而是围绕社区公共事务的管理，探索在党组织的领导下，开展政社合作的一种新型社区治理模式。在社区委员会里有行政事务、社会事务、村居委事务等专业委员会。

社区委员会有自己的运行机制。一是民主推选机制，试行社区会议代表制度，社区代表实行常任制，可以连选连任。在社区代表里再选出社区委员，村居民把他们视为"无冕村官"。二是协商共决机制，有的社区制定了《社区重大事务共商共决制度的暂行办法》，使共商共决制度化、规范化、程序化，将涉及地区性、群众性、社会性和公益性的重大事务都列入共商共决范围。三是财力筹集机制，除了政府的人头费拨款、政府购买服务的拨款以外，新区还持续探索社区建设资金的社会化，扩大社会捐赠渠道，建立多渠道来源的社区基金及管理基金的委员会。四是服务协调机制，以发展义工组织为重点，探索形成从义工协会到村居义工站的工作体系。[5]

在这个共治平台运作下，基层社区自治百花齐放，一系列富有特点的自治形式层出不穷。当年复旦大学国际关系与公共事务学院副教授刘春荣带领40多位同学围绕居民自治,深入到了居委会和村委会进行采风,寻找到了一系列来自基层一线的精彩故事。其中提到了潍坊十村第二居委会的"自治开心坊",提到了仁恒滨江居委会委员,一位瑞士籍女士发起成立的国际妈妈俱乐部,由来自美国、加拿大、英国、法国、瑞士、新加坡、台湾、香港等国家和地区的妈妈组成,按照"有钱出钱,有力出力,有知识出知识"的原则,进行各种跨文化交流和社会服务。以国际妈妈俱乐部和中外居民合唱团为代表的自治载体,民选居委会委员、物业公司、业委会和小区的志愿者在居住小区的各类活动中共融催化,不仅实现了守望相助的文化认同,而且产生了自治性质的服务社会公益功能等外部溢出效应。

参加采风的人员普遍的感觉是:浦东面积大,人口多。在这片土地上,地区、地域的差别明显,有旧城区的"老浦东",有商品房小区的"新浦东",有外籍人员集聚的"洋浦东"。由此得出一个明确的结论:浦东提供了所有基层自治建设的鲜活样本。

实际运行中,六个功能区域等于六个行政分中心,共治平台弥补了新区一级行政管理幅度过宽的困难和不足,又解决了行政管理人员短缺的问题。功能区域管委会建立后,在经济开发领域,磨合的过程中难免有新的矛盾,经济开发区想着能得到原属镇里的土地,而镇里的行政管理事权扩大了,但土地开发的话语权一定程度上减弱了。在这种得失之间的考量之下,双方立场出现偏颇,一定程度上影响到建立新体制的初衷。

尽管如此,新体制还是带来了不少新气象。郊区的土地产出效益提高了,规划、财力统筹后,新农村的建设基础更好了,农民的利益得到了更好的兼顾,社会基层的管理得到了大大改善,行政事权分配更加科学,带来了行政效率的提高。尤其是基层社会治理共治平台,经过基层干部群众的实践日趋成熟,派生出了一系列社区事务的协商机制。功能区的下面都建立了社区事务协商委员会,企业和居民区之间,开发区和居民之间,物业管理和居民之间等的利益性冲突,都可以在协商委员会里进行协商,这种协商民主符合中华民族的传统文化,体现了中国特色的治理模式,解决了很多单靠行政权力不能解决的难题。在一些社区,老百姓逐渐养成了协商意识,一开始是大家有事好商量,逐渐发展成有事尽量多商量,长此以往的好商好量,提高了群众的协商能力,达到了有事能商量、有事会商量的境界。

在功能区域管委会的有意识倡导下,协商成为了行政管理之前的前置手段，继教育方面的校方、学方、管理方三方协调机制之外，在劳动关系方面也形成了劳方、资方、行政管理方三方协调机制。在经济开发区，则形成了投资方、开发商、政府部门的三方协商机制。

浦东以它不断探索的脚步证明了在社会治理这个系统里，行政分权比集权对社会生活的机敏度来得高，应变能力更强，处理社会事务更灵活。

向改革要出路！先行先试的浦东，因为始终高举改革大旗，"引领、示范"，成为了浦东前进中的标识。

参考文献

[1] 蒋慧工、任姝玮:《综改,启动浦东二次腾飞》,《浦东开发》2013年第8期。
[2] 任姝玮:《沈入群: 用地图追赶浦东速度》,《浦东开发》2018年第12期。
[3] 史春慧:《十二年风雨无阻——记新区首批"五星级志愿者"裴蓁》,《浦东开发》2006年第3期。
[4] 侯莉娜:《陆家嘴街道:"自治金"激发居民自治热情》,《浦东开发》2015年第10期。
[5]《探索和实践"社区共治"基层民主治理模式》,《浦东开发》2007年第8期。

第五章 浦东社会的人文表达

在浦东的上海科技馆的一侧，当年一直有一块空地。这块号称十号地块的空地长期没有开发，又少有人打理。若干年后，地块上长出了水草，水里有了鱼和微生物，俨然像一块城市里的难得的自然湿地。

在浦东的社区建设工作会议上，我提到了这块湿地，由此谈到了自然和社会生态和谐、环境友好型社会的话题。自然生态有其自生的规律，生态有自我修复能力，人为过度干预反而会破坏自然生态。社会也有生态环境，也有社会自治的本能，行政的过分干预，甚至于越俎代庖，就会减弱社会自治的活力。看一个城市的现代化水平，可以观察一下这个城市的河流与河堤的倾斜角度，河流是自然的生命体，应尊重其生命延展的空间，堤岸越平坦，越是有人们可以亲水的空间，越是能体现这个城市人与自然和谐相生的程度。同理，看一个城市的社会发展水平，可以观察一下这个城市各个区域里，有否人际交往的合理空间，有否多元共处、和而不同的生活状态。如果人们生活在一个城市区域里,职场就是职场,没有生活元素,职场和居住区截然隔离,生活区里的居民互相不熟悉,没有相互交叉的时间和空间,不能做到守望相助、相濡以沫,那么这个城市的人际关系的和谐度、人与社会的和谐度就是有缺陷的,一定程度上就会影响到社会发展水平。

这其实是一个很有意义的话题。就人与自然和谐相生而言,我们的认识水平在不断提高,我们知道了不能将房地产的开发紧逼河岸,侵占人们亲水和散步的空间。然而,在人与社会和谐相处的社会生态领域里,我们还需要继续努力。

记得中央电视台曾做过一个很有影响力的随机采访,问路人:"你感到幸福吗?"而有人事后回答说,其实,幸福是一种内心的感受,和物质金钱没有直接关系。有人说,幸福就是每天早上想着要去上班,说明他有份好工作;每天晚上想着回家,因为他有一个温暖的家庭。

当今,互联网经济蓬勃发展,方兴未艾,庞大的资本活跃在互联网里,网购铺天盖地,渗入到了人们生活的各个领域,它不仅改变了人们的购买习惯乃至生活习惯,这种业态正在压缩低成本就业者的生存空间,路边角落里的夜间小店、菜场里的葱姜小摊等等,这些业主们的生存空间越来越小了。垄断，强大的行业垄断将取得前所未有的话语权和价格专断权，还有对每一个人的相关隐私偏好等的掌握权，如果这种垄断不被行政干预的话。

第一节

张江高科技园区也是人文社区

张江高科技园区是浦东当年四大开发区之一，在浦东开发之初，这个园区一方面豪气冲天，一方面却举步艰难。高科技园区的定位，一句"背着书包进去，开着宝马出来"，使得众多有志青年才俊奔向张江，然而也正是高科技园区的定位，使得园区的开发者在缺钱的情况下依然咬紧牙关，不属于高科技的项目不予引进，而当年看着许多经济项目落户金桥，难免心里憋得慌。

栽下梧桐树，终有凤凰来。张江的招商，指向生物医药产业，希望成为中国的"药谷"。当年，中科院的药物所首先入驻，一定程度上帮助张江撑起了一点门面。过了几年，集成电路产业开始青睐张江，属于国家队的科研所和国企也是首先入驻，开始光刻机和芯片装备产业等方面的研发，而最初进来的外资企业只是芯片代工企业，后来才有了中芯国际等的进入。同时，软件信息产业接踵而至。文化创意产业则如异军突起，一大批相关企业在张江安营扎寨，2008年，全国唯一的国家数字出版基地的牌子也挂在了园区内。大量的企业入驻，张江几次扩区都难以满足企业对土地的需求。

1. 经济园区也要有烟火气

在发展的过程中，浦东发现了一个问题，当年的张江虽然是高科技园区，但由于没有现成的经验，园区规划还是基本比照了工业园区，无论是园区的道路交通规划还是生活设施规划，都难以满足高科技园区的需求。

一般的工业园区，很少有居住点，园区里的工作者白天从四面八方赶来上班，晚上又回到四面八方，两点一线的作息规律，潮汐式的钟摆式的交通，到了晚上，园区里黑乎乎的一片，恍若死城，住在园区里的人，要多寂寞就有多寂寞，连买个夜宵的地方都没有。而下班回到家里犹如回到宿舍睡觉，居住区仿佛卧城。

高科技园区里，生存着大量的研发企业，大量的研发人员上下班没有完全固定的时间，晚上挑灯夜战，加班是家常便饭。这时的园区就需要有随处可见的休闲场所，包括咖啡馆、茶室等。园区里的科技研发人员戏称自己是"张江男"，暗喻他们是一批高智商却没有世俗生活的工作机器，但他们毕竟不是机器，而是活生生的人，活生生的人只有有了正常的生活环境和舒适的生活圈，才可能激发起无穷无尽的创意思维。

按照社会学的观点，张江人的同质性很高。张江人对自己所工作和生活的区域具有高度的认同感，这是一种社区的地缘性；他们虽然分布在各个不同的企业，但都会自称是张江人，这是一种社区的人缘性；他们不仅熟识同企业的同事，也会在区域里邂逅其他科技企业的同道中人，这就有了社区的交往性，而交往是社区形成的不可或缺的元素。

现代社会科技越来越发达，人和人直面打交道的机会却反而减少了。你想，自助式贩卖机出现后，顾客和营业员少了照面机会，如今所谓的无人超市出现了，连讨价还价的乐趣也消失了，停车场里收费员也被二维码取代了，二维码无处不在，连乞丐都闭着眼睛晒太阳，地上放个二维码。

人与人的交流空间正在被高科技蚕食。

张江是一个高科技园区，不能像有的工业园区那样，没有社会生活的烟火气，高科技园区里的就业人员需要人际交往，在交往中进行思想火花的碰撞；他们需要有休闲场所，有可以发呆的地方，让头脑得到休息，让思想得以沉淀，让心里有灵光一现的惊喜。

浦东的领导用社会学的眼光去打量，经济和社会不是互相绝缘的，而是相辅相成的有机体。那么，张江既是创业的乐园，也是安居的家园，它就应该是一个小城市，不仅具有经济功能，还具有社会功能。

在说到浦东的 GDP 时，张江是高科技的首席之地，是一个现代经济的发动机，同时，张江作为一个活力社区，它又必然是浦东新区里一个富有社会人文功能的小社会，在体现浦东社会发展水平时，应该是一个富有特色的样本。

张江改变了土地只能用于经济项目开发的陈旧理念，它拿出土地开发了以租赁为主的居住区，在园区内建设生活休闲必需的商业设施，改善了与居住、休闲、就业有关的交通规划，修建了联通居住和就业点的有轨电车线路。诸如此类的硬件设施建设，给张江带来了城市的气息。

2005 年，浦东正式在张江提出了建设科技人文社区的概念。2007 年，又将张江冠名为科学城，在建设思路上提出了"物理形态、产业业态、社会生态"的三态统一，这标志着张江由经济开发区向成熟社区的方向发展。

2. 让科技插上文化的翅膀

张江科学城里既有生物制药、信息软件、集成电路、科技装备等科技企业，又有一大批文化创意产业。

占地1 200亩的中科院浦东科技园，中科院将上海13个研究所的扩大部分都放在园里，中科院还和上海一起合办了上海科技大学，以理工科为主，广纳天下之才为教学服务，成为了国家大众创业万众创新示范基地，成为了张江综合性国家科学中心的组成部分。在张江，两院院士就有几十名，博士和硕士过万，一线研发人员更是有几万名，可谓群贤毕至，人才荟萃。

同时，张江又是上海市的文化创意产业基地。世界上创意产业方兴未艾，美国的创意产业发展势头已经超过航空业、重工业等传统产业领域。就在张江这块土地上，当年已经产生了盛大网络、第九城市、网星游戏等游戏软件企业，还有矽幻科技、创新科技等电影后期制作企业，还有中国美术学院上海设计艺术分院、上海电影艺术学院等等这样一批文化创意领域的佼佼者，大家的共识是"高科技+创意"的发展模式是世界流行的。

法国文学家福楼拜说过，越往前走，艺术越要科学化，同时科学也要艺术化，犹如两人从山麓分手，又在山顶会合。

是的，科技和艺术本来就是一对孪生兄弟。

记得远在1978年，郭沫若先生以科学院院长、文联主席的身份，在全国科学大会上殷切地向科学工作者发声："请你们不要把幻想让诗人独占了。嫦娥奔月，龙宫探宝，《封神演义》上的许多幻想，通过科学，今天大都变成了现实……，既异想天开，又实事求是，这是科学工作者特有的风格。"这一段话很好地昭示了科学和文化的渊源。

如今，大批科技人员与热衷于文化创意的人士齐聚浦东张江，这种不约而同、殊途同归是业缘，更是人缘。

于是浦东新区在张江这块充满激情和智慧的热土上，倡导并策划了一年一度的"张江科技文化节"。

2005年，首届张江科技文化节隆重开幕，一大批文化名人到访浦东，当时中央美院的范迪安院长在开幕式上即席讲话，盛赞这个高科技园区里的科技文化节开了经济开发区的先河，为文化人找到了一片新的沃土，新区领导则以"让科技插上文化的翅膀"予以回应。

第一届科技文化节期间，诞生了一批富有文化创意的雕塑作品，从此安放在了张江的沿街马路上，形成了张江特有的文化路标。以后的节庆时节里，张江设计了一批创意性的活动，如张江歌剧之夜等，那一年，世界工程师大会在张江召开，晚上在浦东江边开展了名为"工程师之夜"的文化活动。

2006年，第二届科技文化节再次拉开帷幕，这次的主题词是"创新、创业、创意"，名称是富有诗意的"相约张江"。其中最受人关注的是主办方精心安排的各项以创新为主题的论坛、研讨会。在各论坛上，学者、专家、科学家、企业家汇聚一堂，各种思想激情碰撞，在交锋中寻求真理，在思辨中寻求共识。

在开幕式当天举办的论坛上，受邀的美国律师事务所和国内的一些知名律师事务所就突破国际专业壁垒、创造自主专利财富的话题，展开了积极的富有见地的讨论，对信息产业、生物医药产业的知识产权纠纷案件进行了分析点评，对园区企业如何应对和突破国际专利壁垒，提出了切实中肯的建议。

当日的另一场金融BPO（商务流程外包）研讨会上，国内外知名银行负责人、有关金融机构代表共同探讨了全球金融外包的趋势和中国的机遇，张江园区如何成为中国金融外包示范基地的话题。

这是科技文化节的溢出效应。

在一场场头脑风暴中，大家切实感受到科学和艺术在张江的空气里融合，大家从心里感受到科学的最高表现是艺术，艺术的最高境界是科学。有人说，对小提琴演奏有着颇高造诣的伟大科学家爱因斯坦，已经让我们领略到艺术与科学融合之美，这次"相约张江"安排的一场场讲座使得我们看到，无论是科学还是艺术，创新都是其生命力的根源所在。[1]

的确，科学家不能没有激情，否则他的理性思维也会瘫痪。

3. 社区一家亲，园区同治理

社区是一个地域范围内的命运共同体，所以具有一定的组织特性。张江科学城内，各单位之间要和谐相处，守望相助，离不开有事共商的平台组织。

以往，所有的入驻企业都是政府招商引资进来的，政府就是园区的家长，园区一应事务当然由政府说了算。这样的好处是有一个大家长，园区内凡有事需协调，总有个地方讨说法，遇到困难需要解决也求助有方。但是这样一来，园区内的各单位都成了被动的被管理者，他们的自主性无从发挥，而且一旦需要协调的事务多了，一旦需要解决的矛盾杂了，政府就会忙不过来，再者，政府也不是天然的正确者，政府也会办错事。张江既然是一个小城市、小社会，就应该引进社会治理的理念，发挥好这个社区范围内各个主体的主观能动性。

在这个思想主导下，2006年11月30日这一天，新区在张江成立了一个"张江高科技园区发展事务协商委员会"，这是一个自治性组织。委员会由张江的各入驻单位协商推选产生，委员会的领导则由委员会成员选举产生。委员会既要配合政府处理社区内的事务，也要独立处置自治性事务。政府将这个委员会视为法人组织，视为合作伙伴。难能可贵的是，政府在有关张江园区发展的一些决策上，也会主动听取这个委员会的意见。

在科技发展突飞猛进的时代，政府作为招商引资的主体，常常也会在引进哪些企业方面产生困惑：面前的这个企业所从事的研发项目前景如何？面前那个急于进入的企业属于高科技企业吗？现在降低成本，给予政策支持，从世界发达地区引过来的企业，会否随着新区劳动力成本和土地成本上升而再次流出去？这些时时出现的困惑，说明政府并不是全知全能的，没有先知先觉和慧眼识金的本事，浦东人要惜土如金，还需从善如流，所以必须广开言路。古人云，"欲知山前路，须问过来人。"当年新区政府在张江尝试建立了一个园区发展顾问委员会，成员都是园区内的专家学者。这样一来，园区扩区规划、产业引进的设想及高科技企业的引进等，新区政府就有了一个可以侧耳倾听的去处。政府为了正确施政，有听取意见的动因，专家学者遵从科学，有维护真知灼见的意志，两个积极因素相合，就自然而然地搭建好了政社对话的机制。

第二节
金融城的温度

张江向科学城的方向行进，而在沿江的陆家嘴地区，在那片高楼林立的区域里，一栋楼里有数十家企业办公，俨然就是一个小社区。下班时分在摩天大楼顶楼办公的白领，看着窗外烟云弥漫，却不知下面的地面上是否下雨，要向低层的小伙伴问询，以明确是否要带雨伞下楼。

陆家嘴区域的中心区域仅 1.7 平方公里，俗称小陆家嘴，里面有 400 多万平方米建筑容量，有 50 多万白领在此工作，如汇丰大厦 11 万平方米的面积容量里，白领和物业管理人员就超过 4 000 人。在小陆家嘴中心绿地内圈的周围，就有金茂、环球金融中心、中银、交银、华能、建行、招商、中保等近 20 个楼盘。在这个高容量、高密度的地区，大量的金融企业在此风云际会，新区从 2006 年起正式赋予此地"金融城"的称谓。

既然是一个城，当然离不开人的衣食住行，首当其冲的是合理的交通组织。

过去的烂泥渡路已然变成了银城路，延安东路隧道在小陆家嘴中间穿出来，弄得这个区域内的交通犹如迷宫一般，稍有不慎就会开着车在里面团团转，甚至于不小心又进入了隧道回到了浦西。因此，后来浦东政府在交通组织上，规划建设了一条陆家嘴环路，可以诱导车辆进入主要的楼宇。在地面上步行的人流，在楼宇间穿行，时常有人慨叹：小小陆家嘴，看着近，走着远。为了方便游客的游览，方便白领们的出行，新区借鉴了日本和香港地区的经验，将连接众多楼宇的半空和地下作为新的连接空间。

这些空间原本属于等待唤醒的空间，它们的开发到时候了。

2005年，新区开始设计建设楼宇间的连廊，将陆家嘴里的主要楼宇通过连廊贯通，这样等于在陆家嘴的半空建成了一个空中的步行系统，大大提高了大家的出行效率。新区还实施了出租车港湾式候车点布点项目，开设了金融城白领巴士1号线，串联起区域内主要交通枢纽和诸多楼宇。

新区逐年完善金融城的商业配套，实施了金融白领便捷式餐饮点设置项目，改善白领用餐难的问题。以中央商务区的高端化要求为目标，实施满足从业人员和参访人员生活、观光、休闲、购物需要的商业配套项目，通过示范、奖励、补贴等方法推进楼宇内的商业配套。

新区经过几年努力，在小陆家嘴内陆续建成了一批小剧院、小图书馆、小餐馆、小酒吧，以此增加金融城晚间和假日的吸引力。

和张江科学城一样，陆家嘴金融城也有一个管委会，统筹管理区域内的行政事务。

2005年，陆家嘴金融城和伦敦金融城结为友好关系，举办了以金融为话题的双城论坛。之后更在中央部委的支持下，上海市政府每年一度在这里召开陆家嘴金融论坛，提升陆家嘴在全球金融中心里的影响力。每到这个时候，来自于世界各地的金融大腕云集陆家嘴金融城，犹如华山论剑一般，大家共商全球金融发展大计，共谋金融发展之策。国家的一些有关金融发展的政策走向也会在这个论坛上发布，国家有关部委也会借助这个舞台回应一些社会广泛关切的话题。其时，这个区域就是全球性的论坛之都，全球金融界都会为之侧耳倾听。

金融是经济的核心，但它也有自己的金融文化。2007年新区在这里设计倡导了一年一度的金融文化节，这个节日既是金融从业人员的节日，也是区域内居民的节日。节日期间，有管委会组织的楼宇间的文化体育活动，也有一场场普及金融知识的讲座在楼宇社区内展开。

经过十余年的连续举办，金融文化节已经成为一个富有社会影响力的品牌，形成了艺术、运动、讲座、活动等系列。在艺术类里，出现了"陆家嘴好声音"歌咏比赛、陆家嘴万象世界音乐节、青年梦想秀等，其中的"陆家嘴好声音"歌咏比赛，在不到两周的报名时间内，竟然吸引了众多来自银行、证券和保险等各行业的白领参加。由于参赛者众多，不得不加了两场海选。参加梦想秀的白领还在大家集体创作交响诗剧的基础上，由专业人员进行编剧，力求贴近金融城白领生活，向社会讲述金融城白领自己的生活故事。在运动类里，出现了千人长跑比赛、楼宇登高、足球联赛等。活动类里出现了绿岸艺术节、西藏唐卡艺术珍品展等。由于参与单位和参与者甚多，金融文化节的节庆时间越来越长，有两个月之久。还出现了节中节，各企业单位作为多元社会主体，发挥出了主观能动性，举办了国际咖啡文化节等。

这些活动极大增强了金融企业和就业人员对金融城的融入感和归属感，在大家的心里，小陆家嘴不仅是一个白领打工的地方，更是一个有温度、有情怀、名副其实的金融城。

金融城是一个大社区,身处其中的陆家嘴街道,作为政府的派出机构始终致力于和谐社区的建设。

陆家嘴不仅有在此上班的白领,也有在此居住的居民;既有土生土长的浦东人,也有浦西乔迁过来的新居民;既有高收入的人士,也有低收入的一般打工者;既有中国人,也有不少外籍人士。街道办事处创立了人事经理沙龙,每个季度邀请辖区内的人事经理围坐聊天,实际上起到了交流用人信息的作用。根据有关单位的用人需求,街道出面举办促进就业培训班,通过一期接一期的培训,使得相当一部分人走进了金融大楼,找到了自己的就业岗位。

《浦东开发》杂志有过这样一则报道。时任街道主任周小平曾经对记者说过一句很有人文情怀的话:我们就是要让开宝马的老板和骑自行车的老人在陆家嘴共存共荣。人或有贫富之分,但不应有贵贱之别,处理好白领人群和社区居民的发展平衡问题,让两个群体能共同发展,这是破解陌生人社会的一种思路。

正是在这样的人文思想下,街道组织并持续支持社区合唱团运作,这个合唱团走进了奥地利维也纳的金色大厅,参加了2011年中国新年音乐会演出活动。这支由陆家嘴居民和白领组成的合唱团与维也纳男子合唱团共同演绎了

《茉莉花》等曲目。陆家嘴社区和谐融洽的氛围感染着外国白领,他们纷纷参与到社区活动中来,韩国的三星道达尔公司的白领走访了社区困难家庭,为残障人士献上爱心,并与社区工作者一起参加了"创建全国文明社区,清洁家园志愿服务"活动。

第三节

国际社区碧云天

在地球仪边思考的浦东,必然是一个面向世界的浦东,面向世界的浦东,必然会催生出一个个国际化的社区。

在这些国际化的社区里,中外人士和谐相处,中外文化彼此相融,犹如一个个迷你型的地球村散落在浦东大地上。

在这些国际社区里,有代表性的样本无疑是曾经荣获2012年中国人居环境范例奖,坐落在金桥出口加工区里的碧云社区。

碧云国际社区有2.32平方公里,吸引了来自30多个国家和地区的国际人士在此居住,整个区域内外籍人士占了三分之一。碧云国际社区的英文名为"Green City",人们一看到其中文名字就会联想到宋朝文学家范仲淹的《苏幕遮·碧云天》这首词,心里就会泛起碧云蓝天之下,黄叶遍地如金,秋色、绿波、翠烟的意境。

事实也是如此,徜徉于小区内,只看到蓝天白云下,绿树成荫,百鸟争鸣,金发碧眼的西方美女和黑头发、黑眼睛的东方淑女在闲谈中散步，推着婴儿车的母亲展露着幸福满足的笑颜，遛狗的小夫妻一路迈着轻盈的脚步，真的是一个活力四现又宁静祥和的安居家园。

上个世纪，时代的脚步刚迈入九十年代时，金桥成为了国家级的出口加工区，引进海外知名企业入驻是唯一重要而得分的事情。当时拿出一块地来建设一个居住小区，在大多数人的眼里的确是一个另类的选择，甚至于被人诟病为不懂经济，不务正业。可是有社会发展眼光的金桥开发者看似不经意，却很有心地作了一个社会调查，设问：如果金桥有一处和国际接轨，像国外一样生活多彩的居住园区，你愿意在金桥这个有点偏僻的，四周有不少农田的地方安居乐业吗？他们得到的多数答案居然是肯定的。

既然要吸引投资，就会有众多就业者；既然有众多就业人群，就会有生活需求；既然有就业、有生活，就一定会产生社会生态。经济开发区岂止只有经济业态、自然生态，不能无视或忽略伴随而生的社会生态！

安居乐业，这个组合词浅显易懂地将经济、自然、社会的三态表达出来了，但是可持续发展的理念告诉我们的是，"三态"需要统一。

现在金桥人开始实践了。金桥的土地不止于经济属性，在强有力的经济开发中，它还顽强地保留了原有的自然属性，以及还被赋予了特定的社会属性。

碧云别墅的打桩机和众多的厂区建设打桩机此起彼伏共鸣，尽管当时非议之声不断，尽管非议声里不乏所谓专家的质疑。

三四年后，碧云别墅在金桥开发区甫一登场，即引起入驻金桥的投资商和就业者的热情关注，求住者接踵而至。

这时候，金桥的主政方有两个选择，一是即刻销售，回笼资金，那时开发区手里不是缺银子嘛！二是不搞一锤子买卖，只租不售，长期经营。金桥义无反顾地选择了后者。无论从经济学还是社会学角度看，这都是一个明智的有远见的选择。碧云别墅不是一般意义上的居住类房地产，它是为金桥开发区赋能的，即添加社会生态功能，如果只是以快速回笼资金为目的，这个地产项目随着开发区的成熟，会有被小业主炒房的可能，不仅不利于后续的管理，而且会违背当时开发的初衷。从求住者的情况看，有相当一部分是外企高管，这些目标人群不以长期拥有为目的，只是一段时期的居住。显然，出租不仅符合目标人群的需求和习惯，有利于业主方的优质管理，而且良好的居住生活环境能够极大地增强招商引资的吸引力。毕竟，一个具有良好自然生态、社会生态,充满社会人文气息的地方更合投资创业者的胃口。

碧云别墅的建造开了一个好头,以后又出现了多层的欧美风格的高档住宅小区,出现了日式公寓、美式公寓、东南亚风格的公寓等,逐渐形成了一个国际化社区。在这个社区里,各类体现社会功能的配套设施不断健全:中欧国际工商学院、德威英国国际学校、平和双语学校、协和国际学校、华山医院浦东分院、浦东妇女保健院、碧云体育休闲中心、家乐福超市、餐饮酒吧街、商业广场、还有小教堂等。

有了碧云的实践,新区想到了要为浦东的国际社区设立建设标准,当年的指标是人均50平方米的居住面积,每户1.5个车位,绿化覆盖率超过45%,每千人拥有学校面积在1 000到1 500平方米,每千人拥有医院面积在600到750平方米,每千人拥有文化体育场所面积为1 500平方米等。

国际社区不仅是硬件要达标,软件更要体现浦东的社会进步水平。当年的新区开发者风趣而不失幽默地说道,要帮西方朋友的钞票找到归宿,也要帮他们的灵魂找到归宿。

作为国际化的社区,一定要有亲密的人际间交往,开展多元文化融合的文体活动就是一个很好的平台和媒介。在社区里,有以"碧云"命名的音乐季,虽然,来自各个国家的大小朋友尽情展示的是不同国家风情的歌曲,但你方唱罢我登场,增强的是不同肤色人群对金桥碧云的共同的地缘认同感。这个国际社区里每年都会举办以百场计的社区活动,其中特别受到大家青睐的是八公里的国际长跑赛。每年四月的第二个星期天,成了社区里的固定节日,上万人参与之下,延伸了长跑的内涵,有家庭组队的,有企业单位组队的,有标新立异的个体参赛的,因此,它不但是体育强身,其外延跨界到了展示自我、张扬个性、和睦家庭、社会交往层面,难怪社区里把这个活动作为一年里最热闹的嘉年华,几千名的中外长跑爱好者和家人朋友同事一道起跑,一路奔跑,将欢声笑语洒在金桥土地上。[2]

生活在同一片蓝天下,中外居民异质相处却和而不同,是要有制度加持的。浦东为碧云社区这个"小联合国"设置了符合国际惯例的居民议事机制。在碧云社区里有一个政府主导,社区主要单位代表、社区知名人士代表等参与组成的共治组织,它的名字叫作"碧云社区服务与管理工作联席会",居民们愿意把它视为"小议会"。联席会主要商讨决策社区内重大活动的开展，协调各类社区事务。后来又在联席会基础上，选举产生了社区公共服务促进委员会作为社区的议事决策机构，它有自己的章程和议事规则，下面还专设了若干个社工站。

美国作家帕特南在2000年出版了《独自打保龄球》一书，谈到了美国人独自打保龄球的现象，由此提到了美国社会资本的减少。社会资本指的是人和人之间相互联系，进而互利互惠、相互依赖的一种行为规范。社会资本增加，个人参与社会事务能力提高，有利社群的健康，促进经济和社会的发展。可见，国际社区的"碧云现象"为金桥社区的经济和社会不断地注入活力。

第四节

马路的人文表达

每个城市都有纵横阡陌的道路系统，组织起城市的交通路网，白天车水马龙，晚上灯火璀璨，使得这个城市始终充满着活力。然而，马路不仅是供车流通行，供行人漫步的，它也能供人解读，解读出这个城市的规划建设者的人文理念。

1. 马路不仅是用来开车的

新建的城市往往追求一个"大"字，包括马路，可能大马路能够表现一个城市的气魄，能够说明一个城市动能的流量。我们是一个农村、农业占很大比重的国家，在农村向城镇化迈进的过程中，首先是筑路。我们这一代很小的时候，通过小学课本就知道宽阔笔直的道路就是大城市的标志，车轮滚滚就是城市的形象。但是，道路并不是只有交通的功能，我国的城市也不可能成为车轮上的城市，道路它还承载着商业的功能，特别是在道路的交叉路口，被称之为商业的金角银边,一味地追求大马路,反而弱化了马路的商业功能,尤其是依赖于小马路的社区商业将成为无本之木。除此之外,道路还具有满足人们步行的功能,人是自然界唯一能够依靠直立的两腿行走的动物,城市是可以适合市民诗意漫步的地方。

我们的许多城市在视觉形象上已经达到了发达城市的水平,尤其表现在道路上。

早在2007年,我国的人均道路面积已达到15平方米左右,基本和东京不相上下,但交通事故发生率和车辆拥堵率要高得多。这里有个大马路和小马路的关系问题,不能以为大马路宽,交通一定通畅,要知道,小马路犹如人的毛细血管,不可或缺。大马路多了,能够分散车流的小马路必然会少。实际路况不断在告诉我们,大马路比小马路更容易堵车。世界银行有个研究报告,每平方公里交叉路口数量在欧洲主要城市有100个左右,在东京银座每平方公里范围内,交叉路口有200个左右。这些城市都在大马路周边保留了大量的小马路,很多路只有两车道。

高密度的小马路、多而窄的交通模式可以引出多样性和生活便利性,开车出行的需求也会减少,人们更会选择步行和自行车出行。

在比较中，浦东的开发者看到在浦东的地面上，每平方公里的十字路口只有十几个，交通路网的科学性还有待加强。浦东有漂亮的大马路，但两边的行人达不到服务业所需的路口尺度。由于支小马路不够稠密，拥堵的车流难以疏散，还使得社区商业不如浦西发达。经过一番调查研究，新区区委、区政府，在区级层面由建设交通委牵头在几大开发区内，对交通规划重新进行梳理调整，把重点放在增加小马路的密度和标志标识的完善上；由商业委员会牵头出台点对点的扶持政策，支持街道乡镇着力发展社区商业。

2. 路名也是城市的文化名片

浦东的路名和上海其他区，尤其是中心区的路名有很大不同，新路名和老路名交织在一起，断头路打通后，又出现一条路有两个以上名字。一路多名给市民出行带来了不少麻烦，而要把路名统一起来也不容易，其社会成本不低。因为路名一改，沿路单位和居民住户地址都要改，市政、交通、公安等部门都要参与，都要提前做好规划。

为此，新区用了两年时间将路名作为实事项目。

浦东的路名，在原三区两县的建成区范围内，历史上多是以山东省下辖市、县名作为道路名的，随着浦东新区的成立，绝大多数路名都予以保留，有的小路由于上面旧宅拆除，地上建筑成片改造，老路名随之消失，个别的如文登路，因为其上海话的发音和上海话"坟墩"的发音相似，而该路又从一条冷清的马路变成了高楼林立的商业街，在大家的建议下，改名为东方路。

新区建设的新马路越来越多，山东的路名不够用了，需要开发新的路名。起名是有难度的，要懂历史，要有文化，起名不当，弄不好还会落下骂名。

新区成立以来，开了不少路，起了不少名，在起名上也可谓煞费苦心。有心人看出了浦东路名的新规律。

主干道和一般干道的命名多采用反映浦东地区地理、经济特征的专名。如原来属于川沙县的花木乡地区，已经变成了浦东的行政文化中心，该地区的路名便以花卉的名字作为道路名，也不失为诗情画意之举。体现地区开发功能特征的专名，如张江园区以科学家牛顿、居里、祖冲之等名字为道路命名，是当今的浦东开发者在向历史人物致敬。三林世博动迁基地产生了不少新路，几经斟酌，将这些新路命名为迎博路、爱博路、顾全路等，既体现了浦东人顾全大局、迎接世博会的精神，又符合浦东的城市形象。

为解决一路多名问题，新区广泛听取各方意见，然后谨慎实施。

如有一位市民开车到浦兴路办事居然迷了路。原来他开车从复兴东路隧道沿着张杨路行驶，到了居家桥路便没了方向，绕了好大一个圈子才总算找到了要去的地方。原来张杨路一过金桥路就是浦兴路。于是新区有关部门经过调研决定将浦兴路更名为张扬北路。这条路仅公交线路就有10条，500多个公交站牌，沿路居住小区门牌号也有2 000个以上。考虑到路名更改后给市民带来的不便，新区对户籍涉及浦兴路的居民暂缓换发第二代身份证，公安部门决定仅更换路名而不改门牌。并在新路牌旁边贴上"原浦兴路某某号"等标志，帮助市民识别。最高兴的当属浦兴街道的居民，因为张杨路是主干道商业街，这一改名，提升了马路档次，房价也跟着涨了起来。[3]

2006年，新区的建设者从市民和旅游者的角度打量起了浦东的路牌，这些路牌已经几十年如一日地树立在街头，在大家的眼里可谓司空见惯。尽管道路变宽了，原来的路牌显得小了，尽管行道树繁盛了，将路牌遮挡得看不见上面的字了，也没有引起管理部门的特别关注；但这毕竟是道路的铭牌，划制地图少不了它，行人找路、出行开车更离不开它。于是，根据浦东的实际情况，浦东建设交通部门设计了一种同时能指示两条相交叉道路路名的路牌，使人举目一望就能得到两条路的信息。同时，新区将路牌的尺寸放大了，将路牌的高度也做了提升。这样的路牌好是好，但有一个问题就是"非标"。经过反复讨论，最后在市里有关部门的支持下，新路牌在一些路上亮相了，它让大家感到耳目一新，实际效果非常好，如今浦西的一些道路上也出现了这种新路牌。

3. 让路边绿地变得可亲近

浦东在开发之初，就规划并建设了一片片城市里的绿地，这些被市民称之为城市绿肺的绿地，使得走在道路上的人们感到赏心悦目，人们在此逗留、遛弯、摄影、嬉戏。

在一次社区调研中，新区领导听到了居民的闲聊。居民说到，新区的浦江边有了亲水平台，让人能够走近水边，与水亲近，路边的绿地只是供人观赏，如果也能让人走进去，徜徉其间，这就更好了。几句看似闲聊的话语，反映了市民的需求和期盼。在进一步的实际走访中，新区领导发现绿地和道路之间有一个关系处理问题。街头绿地应该是人行道的有机组成部分，将人行道和绿地看成两个独立单位是太过机械了。

在新区的工作会议上，我举了一个例子，说的是规划师设计游乐园内游玩线路的故事。一个规划师想着设计一个最合理的园区内道路规划，苦思冥想一直到临开园还无良策。急中生智之下，他提议将主要游玩区域都铺上草坪，开园后让人自由地在草坪上行走。一段时间下来，最合理的连接各游乐点的路径出现了。所谓"其实地上本没有路，走的人多了，也便成了路"。据此，园区将走的人多的路，建成了正式的路。

在以后的讨论中，新区的主管部门感到，合理的人行通道，要从人走的路径上去观察调整，街头绿地，尤其是大面积的绿地应该是可以让人穿越的。这不仅能缩短赶路人的步行距离，也能使街头漫步者在穿越绿地时有耳目清新的获得感，即使在闹市步行，也能感受到在野外踱步的趣味。

由此，新区在诸多的街头绿地里铺设了供人散步穿行的小径，这看似一个小小的改变，却使得这些区域陡增了不少温情。

第五节

尊重知识，尊重人才

社会发展和经济增长到底何者为先呢？在知识理论界常常会讨论到这个话题。经济界的人士往往认为，经济就是社会发展的基础，没有经济的支撑，社会难以发展。而社会学者则又会说道，如果忽视社会的发展，一味地追求经济增长，也会出现经济恶的增长，譬如破坏自然和社会生态，带来恶的结果。经济增长是一个纯经济的概念，虽然它是人类社会发展的物质基础，但它不能代表社会发展，在人类社会发展的进程里，有增长而无发展的现象并不少见。需要看到的是，社会发展是经济发展的环境条件，社会发展影响着经济发展的结构和布局，社会发展是经济发展的动力和导向，更是经济发展的出发点和归宿。

上海和浦东在全国经济发展的版图中，无疑处在中坚的位置，国家的经济转型和高质量发展，上海和浦东就是先行者和排头兵。上海和浦东的领导们一直以来都清醒地意识到，金融和科技是经济高质量转型和发展的关键要素，其瓶颈源于社会发展的水平。

1. 要建设一个最好的区级图书馆

由于历史的原因，新区的社会发展硬件条件较浦西市区要落后一大截，经过逐年的紧追慢赶，浦东在很多方面已经填平补齐，尤其在基础教育方面表现突出。浦东基础教育的在校学生数占到了七分之一强，各类学校的生均占地面积、校舍建筑面积均高于全市平均水平，特别是在浦东居住的所有农民工子弟都得到了普惠制的基础教育，真正做到了"一个也不能少"。

在每年的新区财政预算里，有政府财力投资的基建项目中都少不了社会发展的硬件项目。2006年，浦东的财力增长受到世界经济形势增长的影响，政府负债的数字又有上升。在这种情况下，区委、区政府还是勒紧裤腰带，要为社会发展上项目，否则就仿佛有欠债的感觉。

他们首先想到的是，为上海新添一个几十年以后也不显得落后的区一级的图书馆。

说来也是，浦东以往历史上说得过去的图书馆还是外商捐赠的，如今看来已经太小了。浦东一直没有一个像样的区级图书馆。

按照国际图联颁布的《国际图书馆标准》和《公共图书馆发展指南》规定，每万人拥有一所图书馆，一所图书馆的辐射半径为4公里，公共图书馆人均藏书量应为1.55—2.5册。而在我国平均每46.8万人口拥有一座图书馆，每座图书馆辐射半径约为32.8公里，公共图书馆人均藏书量仅为0.44册。

2007年9月，选址在中国浦东干部学院附近的浦东图书馆正式开工建设。该馆用地3公顷，建筑面积达60 885平方米，投资8.5亿元。图书馆的设计没有走花里胡哨、夺人眼球的路线，外面看起来更像一座现代化的厂房，走的是经济实用的路线。

2010年10月，借着世博会的东风，浦东图书馆新馆正式迎客。它的开馆受到了浦东乃至上海各界的广泛关注。没过几年，这座新馆就成为了浦东市民首选的公共文化集聚地。平均每天都有一万多人进馆，其一个月的借阅量超过了浦东所有街道乡镇图书馆当月借阅量的总和，读者人次和外借册次都居全国图书馆前列。2013年被中国图书馆学会评为"全民阅读示范基地"，这是我国图书馆界阅读推广最高奖；2014年又被国家文化部、人力资源和社会保障部授予"全国文化系统先进集体"称号。

书籍是人类进步的阶梯，是保存人类文化遗产、开展社会教育、传递科学信息、开发智力资源的宝库。选什么样的人来做图书馆的掌门人呢？新区经过反复比选，选中了张伟。他是教育领域的专家，长期从事教书育人的工作，对教育的社会职能有着清醒和深刻的认知，他本来就是一个重点中学的校长，懂得"教"和"管"的真谛。在他的办馆理念里，公共图书馆是人类精神的神圣集聚地，是大众的精神家园，来图书馆的人多了，一个区域的学术之风建设起来了，社会就会向上发展，这就是文化引领，就是图书馆的软实力。

所以他首先从战略发展的角度，组织大家制定了2010到2015年浦东图书馆发展规划，在这个规划里提出了图书馆内涵发展的概念、命题、范畴等理论体系。在这个理论架构下，浦东图书馆坚持秉持"以人为本，文化立馆"的核心理念，在实践中大胆探索从重书转向重人，从重藏转向重用，从重技术转向重人文，从纸质走向数字与纸质并重，从而不断拓展图书馆的功能，不断创新图书馆的办馆方式。

在具体实践中，图书馆引入社会力量推出讲座、展览、培训、读者活动等文化服务项目，形成了"浦东文化讲坛"、"浦江学堂"、"浦东人文艺术展"、"浦东读书节"、"故事妈妈讲故事"、"周末市民文化系列活动"等文化品牌。图书馆已经开办了几百场大型讲座、几百场人文艺术展，余秋雨、鲍鹏山、葛剑雄、周国平、傅佩荣等一批著名学者都应邀造访了图书馆。[4]

教师出身的张伟知道，图书馆本身就是庞大的社会教育体系的组成部分，应当承担起社会教育的职能。图书馆要成为一所社会大学，应考虑将一些活动进行课程化设置，进行分众化实施、专业化管理。难能可贵的是，在满足各类人群需求的同时，浦东图书馆还把人的思维方式的训练和引导放在重要位置。

是啊，一个人的思维方式往往决定着一个人的行为方式，思维方式对人的影响将贯穿一生。图书馆就是一所没有围墙的大学，不断将人从自然状态提升为一个大写的社会人。

2013年中国图书馆学会年会在浦东召开，开幕式上，民进中央副主席朱永新深情地说道，对于一个城市的居民来说，图书馆应该是他们的心灵牧场。市民可以在图书馆里与大师对话，聆听各种讲座，让心灵自由驰骋，让人们对外面的世界充满好奇。[5]

三天的年会，成功举办了工作会议、学术会议、展览会三大部分活动，评出了7位榜样人物，张伟名列其中。

这次会议留下了浦东印记，闭幕式上发布了《图书馆发展浦东共识》。浦东承担了年会永久会徽的征集工作，新区委托上海城市动漫出版传媒有限公司向海内外征集，收到了多份作品，最终在大众投票和专家遴选基础上，确定了会徽。由此，年会的永久会徽在浦东诞生。

浦东图书馆已经成为浦东社会发展的一张名片。

2. 书香弥漫浦东

硬件过硬、软件更软的图书馆效应，开启了书香弥漫的浦东新篇章，一代又一代浦东开发者，推动着浦东社会发展的接力跑。

经过30年的发展，以浦东图书馆为中心馆，浦东已经拥有了1 500多个各类图书馆（室）的总分馆体系。其中包括80多个分馆，300多个延伸服务点，300多个农家书屋，800多个居委会读书室。浦东虽大，但如今的浦东人在家门口就能享受到书香。

浦城路150号，是一栋独立的白色洋房，这是位于陆家嘴金融城内的读书空间,新区人给它起了一个富有地方特色的名字——陆家嘴融书房。这个城市书房的门前有宽大的平台,时刻等待着爱书人在此休憩驻留,外面的人透过落地窗可以隐约看见书房内部的雅致空间。

这里原来只是陆家嘴图书馆分馆,现在硬件做了更人性化的、更符合读书人阅读习惯的精心改造。高大的木制书架上图书翻新率很高,行进在多个书架形成的S形走道上,一抬手就能与心仪的书籍进行亲密接触。读者的座位做了颠覆性的改造,管理方将书桌直接放入书房,紧贴书架,从物理上满足了读者的阅读私密性。在这个三层空间里藏着50 000余册各类图书,其中包括了近五成的外文图书,以满足金融城内白领人士的借阅需求。这个城市书房已经实现了智能化管理,有常规的图书借阅、数字图书阅读、点对点的网上借阅等,凡是读者能想到的方式,这里都尽可能予以满足。

年轻人厌烦各种形式大于内容的行政业务会议,但是对于有质量、有品位的读书会却是兴趣盎然的,融书房就经常举办"陆家嘴读书会",而且成为了品牌。读书会举办了几十场,接待了近万名热心读者,线上更是有几十万粉丝读者。

读书会主题宽泛,紧扣社会读者的热点。首场到会的嘉宾就有葛剑雄、金宇澄、孙甘露、叶辛、周家宁、花蕾6位名人,前来听讲的读者们都是应邀到场主讲嘉宾的拥趸,所谓"谈笑有鸿儒,往来无白丁"。嘉宾们就"我的读书时代"这个主题展开对话,使得大家共享到了这些思想者的所思所见。

读书会的主题是开放性的,有关金融贸易、文化艺术、社会教育等主题都可以在这里风云际会。

2018年6月的一天晚上,中国芭蕾艺术的领军人物谭元元和云翎资本创始合伙人杨云遐出现在读书会上,主题的表达很有诗意,叫作"当芭蕾挥舞起金融的裙摆"。到场的嘉宾还有一些金融界的代表,如中航融资、华信证券、上投摩根、光大期货的负责人,有浪漫情怀的文艺人与被世人视为严谨刻板的金融人的一番对话,在旁听者里产生出的头脑风暴令人觉得过瘾。[6]

读书会催生出了一批又一批的读者群。参加过主题演讲,和这些读者有过接触的专家学者对陆家嘴的读者群颇有好感,认为这批读者整体年轻,求知欲和自我意识强烈,敢于提问,懂得阅读的快感。

陆家嘴融书房开放后,受到了社会各方的赞誉,取得了良好的社会效果。国内许多知名媒体都给予了积极的报道，一致认为它是城市书房的成功样板。

为了使得浦东的社会读书氛围更浓厚，浦东在多地持续打造富有特色的市民读书空间。

2008年，继陆家嘴融书房之后，又兴办了浦东图书馆学习书房、张江科学城书房、临港大隐湖畔书局三个开放式的读书点位。其中，学习书房的空间设计突出了党建服务，成为全国首个红色文化阅读书房；张江的书房则结合区域特色，凸显科技感、现代感、未来感，成为了全国首个高科技产品展示交易中心及多元社交平台。

中国的传统文化是十分重视读书的，所谓"书中自有黄金屋，书中自有颜如玉"；所谓以教，育人；以文，化人。一代又一代中国文化人自己读书，也不断激励周围的人读书，教他人怎样读书。其实不仅在中国，凡是人类社会，无不把读书明理放在重要位置，终身学习是现代社会的理念。

上海开放大学的教授鲍鹏山坚持多年，在浦东图书馆创办了"浦江学堂"。这是浦东第一个公益性教育平台，主要面向青少年进行传统文化经典传授，学制为五年，这期间要孩子们读完《论语》、《孟子》、《大学》、《中庸》、

《道德经》、《庄子》、《六祖坛经》这七本书。其间,有些家长不理解,总问一个中国式的问题:既然不是升学考试科目,为何还要读传统经典类的书?鲍鹏山认为,人生不仅有考试,更重要的是要让自己的灵魂有一个寄托。学习有三个基础:一是先天的智商,二是后天可以培养的心智,三是通过学习得以提升的认知能力。浦江学堂就是让学生充分发挥智商,提升后两种能力。七本书都学完了,三种能力都具备了,一辈子有用。

鲍鹏山对浦东新开办的社会阅读空间给予了高度评价,这些空间让爱书之人有了交流空间,进而迸发思想的火花。他以广场舞作比方,阿姨们跳的是"寂寞",而广场舞给了阿姨们排解寂寞的社交空间。读书会、开放性的社会阅读空间,给读书人提供了社会交往的思想空间,让他们产生思想共鸣,找到并可遇见志同道合者。[7]

3. 望江驿——浦东的文化客厅

黄浦江曾经隔断过浦东人对繁华的梦想,上海的繁华都市地位似乎只和浦西相关,浦东人曾经站在江边,望着浦西的霓虹闪烁,望"江"兴叹。浦西的繁华近在眼前,却又似乎远在天边。其时的浦东人眼望江水，浑然是另外一种"心远地偏"之感。

老上海的黄浦江沿江岸线，除了短短的一段外滩以外，基本上就是经济岸线，船运码头、物流仓库、堆场和凭借船运便利而建的工厂，占据着岸线资源。所以市民要欣赏城市江景，只有到外滩，也之所以才会有当年外滩的"情人墙"。而浦东的沿江市民只有到陆家嘴的浦东公园，远眺浦西的外滩，听着不时传来的海关大钟的声音，感受上海的繁华，想着自己也是上海人，上海离自己不远。

进入新世纪后，上海市委、市政府提出了还江于民的思想，开始结合经济转型，艰难地像蚂蚁啃骨头一样，慢慢地、然而持续地动迁码头、堆场、仓库、工厂等，将经济岸线逐步转为适合市民休闲、观光的生活岸线。

如今，浦江两岸的沿江步道不仅都已贯通，而且在步道两边都修建了各种便民设施，浦江两岸的滨江道已经成为了上海市民的生活"秀"带。

将沿江的经济资源转化为人文资源，体现了政府的一种可贵的价值观，而沿江步道作为一种人文景观，应抱有怎样的设计思想？这不啻是对政府思想层次的一种考验。

浦东的沿江步道设计，始终贯穿着人与自然和谐相生，人与人、人与社会和谐相处的理念。在这里，到处可以看到岸边植物与水的相融，人与水的相亲。这里有亲子广场、有无障碍设施等等城市公园基本标配。

特别令人惊喜感佩的是，这里每隔一公里就有一栋可人的小木屋，目前有 20 多栋。小木屋，是城市人的偏爱。每个城里人，尤其是孩童的心里，看到小木屋，就会想到童话故事，就会勾起一种梦的意境。

浦东的建设者，给这些容易给人梦幻感的小木屋起了一个诗意的名字——望江驿。可以想象，如今的浦东人在望江驿里看着自己的母亲河，不再有一丝与繁华都市割断的一江春愁，不再有东岸望西岸的惆怅与失落，相反充满了作为上海浦东人的自豪与喜悦，有的只是心旷神怡的自得与自足。

浦东的望江驿，有室外休憩空间，有公共卫生间，有直饮水，有自动贩卖机，室内还有手机充电器，甚至还配备了母婴间，这样的第三公共卫生间开拓了人们的想象力。

浦东的建设者如果要把一件事做好，就会把它做到极致。这不，在有的人流过往频密的驿站里，你还可以看到医疗应急设备，如自动体外除颤器、急救箱。

望江驿，它只是一个休闲观光者的歇脚点吗？非也！

浦东的建设者的想法没有那么简单，他们要为驿站进行文化赋能，把望江驿打造成浦东的文化客厅。

于是，小木屋驿站都有了一个可爱的名字，如"悦读"、"遇见"、"身临"等等。

"悦读"，作为文化会客厅，吸引和感召着人们面江静读，在此以书会友，举办个人讲座，发起读书会活动，也给爱好者提供摄影、书画等的展览空间。

"遇见"这词语，令人想到不期而遇，意味着惊喜，这是身在旅途之人都有的内心奢求。"遇见"驿站，欢迎有抱负、有情怀的志愿者在这里直播，面对着摄像机传播自己的知识，自己的所见所闻及人文感受。

熊猫文化的爱好者赵樯就是这其中的一位。他讲述的熊猫故事，得到了百度、优酷、爱奇艺等12家网站的支持，经过30分钟的直播，竟然获得了10万人次的点击量。

"遇见"驿站一点儿都不寂寞，除了赵樯，还有直播者在这里和网民分享有关时尚、旅游、美食等话题，还有专业领域里的精英在这里向市民传授有关理财、育儿、养生等科普知识。现在，"遇见"已经成为东方财经的浦东频道，运用全媒体资源打造出来的全媒体文化会客厅。白天，这里可能是一个广泛意义上的城市书房；晚上，这里则是一个文化名人、跨界精英汇集的文化场所。在这里的每场直播,日均浏览总量稳定在15万人次左右。周一到周六晚上,你走过这里,大概率能遇见各界嘉宾及慕名而来的观众,你能透过落地玻璃窗近距离目击直播者。

"身临"驿站,总是给人带来身临其境的感受。在这里,人们曾经看到惊险刺激的《环太平洋》,看到过展示壮美河山的《长城之美》、儿童们喜欢的《三只小猪》等剧目。更让人意外的是,人们还在这里看到了利用VR技术制作的全景电影,让人真切体验到什么是身临其境。

望江驿出名了,迎来了一大批社会文化精英在此活动,还有人把浦江东岸作为自己事业拓展的常驻舞台,拳王邹市明就是其中一位。在世界拳台上站了20多年的他,知道自己不可能永远在赛场,他要做一个拳击文化的传播者。他选择了浦江东岸,和望江驿作伴,成为了东岸滨江之旅的代言人。他在滨江步道一侧开了一个"一号运动中心",这是一个集拳击、休闲于一体的多元化空间,一楼正中央是一个标准赛事的拳击台,一侧有几十张桌椅,可供顾客就餐,每周六这里有拳击比赛观摩,二楼除了拳台外,还有一整套健身器材。楼顶的透明露台是一个室外酒吧,人们可以在这里面向江景品尝美酒佳肴。[8]

现代人是忙碌的，多少年以前就有人说过：灵魂追不上你奔跑的脚步，没有思考，所以没有思想。不少城市人说，希望有一个可以让自己发呆的地方。为何要有时间和空间发呆？是为了让自己静下来，去掉一些尘世的浮躁，换得些许的宁静。

望江驿是一个好地方！

4. 为各类人才安居乐业铺路

一个地方的社会发展水平，除了体现在可以看见的硬件设施以外，人的素质实在是一个硬指标。经济发展的科技含量是由人才的量和质决定的，尊重知识，尊重人才，不听怎样说，要看怎么干。

从认识上看，何谓人才，莫衷一是。有人说高学历、高智商的人是人才；有人说当今掌握高科技的人是人才；有人说对社会有用就是人才，人才不分高低贵贱；有人说人才是个集合体概念；等等。浦东的领导认为，人才不是由学历、智商等来划界的，行行都应有人才，行行都能出状元，尊重人才不等于尊重学历，广揽人才不等于只青睐某一方面的人才。招天下英才而用之，为各路英才铺路搭台，使其有用武之地，是各级党委、政府分内之事。

将目光投向现实社会不难看到，高科技人才和高技能人才，各种人才在一个社会里是有合理分工的，具有互补效应。人力资本具有外部性的特点，来自国外的技术人才集聚的地方，那里的居民外语水平比一般地区要高，上海历史上的洋泾浜英语就是个例证。高消费也有外部性特点，高消费人群集聚之地，家政服务的需求随之升高，为家政服务业发展打开了通道。一个地方如果排斥低技能劳动者，将无可避免地减少这方面的劳动供给，造成供给短板。而如果一味青睐高学历，那么博士、硕士将过剩，大学生比比皆是，事实上大学生做银行柜面工作的很多，其收入反而不如家政工作人员的收入高，这使得社会上认为知识贬值了。所以浦东对知识和人才的尊重，是对应社会需求和对社会贡献度的，表现出来的是对一切知识、一切社会有用人才的一视同仁的尊重，没有地域之分，没有行业高低贵贱之分，也没有对浦东地方生产总值贡献多少之分。正因为如此，浦东的社会发展始终是以社会生态和谐为方向的。

在这样的思想理念下，浦东区委、区政府依靠工、青、妇等社会团体和其他各类社会组织，持续每年开展各行各业、各路英才的评选活动，为各界树立榜样化的模范人物。

政府根据社会和企业的反映,为到浦东创业的各类人才解决生活等方面的困难。

安居是人的基本需求,安居才能乐业。浦东在2005年集中出台了一些扶持租赁房市场的政策措施,让区属房产企业多开发租赁房,鼓励民营房产开发商投入租赁房市场,变一次性收入为长期可预期的收入,同时政府积极争取国家支持,让浦东进行房地产信托的试点。对产权房市场也进行分类,根据购房者实际情况,提供全产权房、半产权房、低于市场价的平价房等。

有示范引领意义的事情是张江镇的乡村人才公寓。专业性的企业从农民手中租下了房子,经过一番适宜性装修,转手租给了在张江高科技园区里工作的年轻人。这里的房子比城区里便宜,而从工作单位到乡村公寓,乘上班车只需20分钟。对村里的村民而言,将自己空余的住房租出去,不仅每季度有两万元收入,而且年轻人的入住,给村里带来的是活力和现代气息,为村里注入了新鲜血液;对这些年轻人而言,住在这里则简直是城市里的诗意栖居。

从社会学角度看过去,这种做法没有搞以往的拆除重建,保护了原有的文化场域,保留了原有的居民社会网络结构,这样的小乡镇的存在能够帮助我们回味历史。

参考文献

[1] 谢群慧:《创新风暴激荡张江：2006 相约张江·第二届张江科技文化节侧记》,《浦东开发》2006 年第 6 期。

[2] 任姝玮:《一个国际社区的模范样本》,《浦东开发》2013 年第 7 期。

[3] 哨井风:《地名，闪亮的城市名片》,《浦东开发》2006 年第 1 期。

[4] 任姝玮:《享受阅读时光 感受岁月静好》,《浦东开发》2018 年第 9 期。

[5] 谢群慧:《书香中国 浦东印记：2013 年中国图书馆年会在浦东召开》,《浦东开发》2013 年第 12 期。

[6] 唐倩:《陆家嘴"融书房"的创新实践》,《浦东开发》2019 年第 11 期。

[7] 司春杰、陶毅雯:《"经典"让书香更浓——专访著名学者、上海开放大学教授鲍鹏山》,《浦东开发》2018 年第 9 期。

[8] 陶毅雯:《东岸滨江之旅：边漫步边赏景 感受"城市会客厅"》,《浦东开发》2019 年第 9 期。

第六章
浦东：在全生态和谐的道路上

有人说，东方人的现代性，满足于眼睛能看得到的东西，眼光过多地停留在器物层面上的现代化，所谓看得见的变化，而看得见的器物，比如建筑等，古今中外，也难免仁者见仁，智者见智；而社会发展的变化，则英雄所见略同。看得见的形象化的东西可以在三五年内建成，看不见的难以具象化的社会变化，几十年也未必能见成效。人的现代化、社会的进步概莫能外。

当年的新区管委会副主任李佳能在接受记者采访时多次提到一件难忘的事：杨高路竣工通车时，仪式举办方精心准备的、放在路边的几千盆鲜花，在仪式结束后，被观望仪式的路边群众瞬息之间一抢而空，公家仪式上的鲜花顿时变成了私人住宅阳台上的摆设。

彼时，在浦东新区管委会的简陋平房里，浦东的开发者不止一次地开宗明义：浦东开发不仅是经济开发，而且是社会开发，是推进社会的全面进步。这话语当时听来振聋发聩，现在看来仍然是高屋建瓴。

如今，浦东的外在物理变化已经为人们所津津乐道，因为我们可以简单地用眼睛去观察到，所谓"旧貌变新颜"；而在浦东大地上，人与自然、人与社会、人与人的和谐是需要人们用心灵去感知的。

第一节

人与自然的和谐

从上海虹桥机场沿着延安路高架一路向东，沿路经过长宁、静安、黄浦，都是上海的核心商贸区域，可谓是一条黄金轴线。然后过延安路隧道接上浦东世纪大道，世纪大道两侧又是浦东的商贸亮点，它的尽头就是世纪公园。

1. 世纪公园的前世今生

世纪公园当年叫中央公园，这个区域是浦东规划中的行政文化中心。区位之优越，土地之金贵不言而喻。一方面，政府财力拮据，捉襟见肘；另一方面，万商云集，青睐着这块火热的土地。而那时的浦东建设者并没有眼睛只盯着紧缺的银子，他们想着的是上海的发展大局，要在上海的内环线中心区域内，建设一个最大的富有自然特征的生态型城市公园，虽然它不能为政府带来任何收入。

1990年就到浦东开发办工作的朱纯宏经历了世纪公园建设的全过程。1995年，他担任公园建设总指挥，指挥部设在公园的二号门门口。公园的原址是一片以种植蔬菜和养殖为主的农田，坐落着好几个自然村，环境很差。当时征地2 400亩，搬迁了上千户人家，当地的农民兄弟为此作出了重大贡献。造园总共花了10亿人民币，其中动迁花了5个亿，建园用了5个亿，公园占地总面积达到了2 100亩。

建设一个什么样的公园？这是一个颇费思量的事情。

上海有不少公园，有古典园林，有租界时期的带有西洋理念的公园，也有解放后兴建的现代园林，迭代性强。偌大的世纪公园如何规划，请谁规划，这里很有讲究。当时，朱纯宏带着问题向新区主要领导汇报，主要领导提出了两点要求，一是要中西文化结合，要体现上海海纳百川的城市精神，可以通过国际征询方案确定公园的功能及形态规划；二是强调人与自然的和谐相处，要体现我们这个城市的宜居环境。

其时，上海的园林设计院已经设计了一个方案，与杭州西湖的风格相似。根据新区领导的要求，公园建设指挥部组织了两个考察组，一个到欧洲，一个到了美国和日本。朱纯宏他们在英国和法国接触了一些设计事务所，提出了要有三个"大"，即大草坪，大森林、大水面。这就需要开挖一个大湖，而有人说浦东农村地区不缺湖和河，又有人担心大湖变成死水，于是新区主要领导请了市政、税务、水利各条线的局长们开会讨论。

公园的设计在美国、日本、德国、法国、英国、中国的六家设计事务所的方案里比选，最后选中了英国土地利用咨询公司作为主设计方。

在领会了政府的意图后，这些第一次来中国的"老外"，住在外滩，借助自行车"摆渡"到了浦东，再骑车到了世纪公园所在的花木地区，对当地的水土进行采样分析，细致和敬业到甚至会用自己的舌头去品尝一下土质。他们又骑着自行车，逛遍了上海大大小小的公园，观察和记录下上海人在公园里的行为活动，由此体会到中国公园与外国公园的异同。他们看到人们会在公园里下棋、跳舞、唱歌、喝茶、打拳等等，而原来在他们心里，公园是人们晒晒太阳、遛遛狗狗的地方，公园也是人们聚会的好场所。

经过一番考察，他们找到了一些感觉，在心里将世纪公园定位为适合上海市民休闲的好场所。英国的设计师们设计出来的方案既有概念性的内容，又有一些具体详细的建议，比如建议栽种适合生长的树种，尤其是本土树种。他们不主张种大树，建议多种小树，为的是遵循自然规律，以便让人们每年都看到树木的成长。路面所用的材料要环保,比如碎石子路,让路面透气、可呼吸,所以要少用花岗岩、大理石等。尤其是还建议要把现状资料保留下来,在拆和建的过程中尽可能地保留历史痕迹。

中国人讲究风水,英国人就引用中国人的理念设计"风、土、水"。英国设计师了解到了上海每年的降水量,每年四季的气候,包括每年七八月份的最高温度,每年12月、1月份的最低温度,于是很自然地得出结论,夏天要把东南风引进来,冬天要把西北风挡住。他们看到中国南方地区的建筑注重地形,偏好南面采光,北面阻挡,以求挡住北面的寒流,所以,世纪公园被设计成一个盆地,将东南的暖湿气流引入公园环境中。中间低,四面高,西北面最高,东南面敞开,将暖湿气流引入,营造出一个适宜动植物成长的小气候。

世纪公园内的山都是平岗缓坡,堆山用了200万立方米土,这就帮浦东的建筑工地消化了大量渣土。这些渣土堆出了高低起伏的北山、西山、南山,真正成了一个环保工程。

世纪公园的水文章,体现在一碧如洗的镜天湖上,湖中还有供鸟栖息的鸟岛。根据英国设计师的建议,湖深要达十米,让水有自净能力,但由于镜天湖与地铁交接,最终水深只能做到五米。

世纪公园是大气的，有宽度达到 9 米以上的直线主干道，信步所向，视野开阔。湖滨大道更是以 24 米的宽距，给人抒怀的享受。尤其是金秋季节，银杏大道上，阳光下一片金黄，夕阳西下时，散步的人们踩着脚下沙沙作响的落叶，真是别有一番风情。

值得一提的是，世纪公园有一个体现西方园林设计理念的种植植物的选择。中式园林设计，崇尚在每一片林子里将多种植物密集地种植在一起，有点像别致的插画作品。这虽然看起来很有层次感，但也因植物之间相生相克的自然规律，造成难以维护的尴尬。欧陆园林设计则擅长根据植物在自然环境里的生长规律来选择种植，所以植物种类虽然相对简单但却和谐共生。

世纪公园里有乡土田园区、湖滨区、疏林草坪区、鸟类保护区、异国园区等，还有游乐园、休闲自行车、观光车、游船、鸽类游憩区等参与性游乐区域和项目，四号门的草坪足球场按照国际标准建造，是上海最好的供市民游乐的足球场之一。由于公园设计风格与西式公园有许多相似之处，引得不少外籍人士前来游园。

建成后的世纪公园较为完满地体现了人与自然和谐相

处、中西文化互相交融的效果。公园的建设过程也成了浦东建设者再一次睁眼看世界的过程，了解了更多的国际先进理念、更多的国际运作规则，了解了更多的有关社会可持续发展的国际前沿思想。

公园作为一个物理空间的存在，虽然不会说话，但一些社会进步的感召力自会体现到市民的游园体验中。

浦东的建设者始终具有与时俱进的品格，直到今天，当人们赞叹于浦东的沧桑巨变时，他们不是沉醉于往日的成绩中，而是用现在的眼光，依然以谦卑自省的态度看自己的过去，找当年的不足。朱纯宏诚恳地讲到了建园过程中的遗憾。他讲到：原先拆迁时，一些老房子和一些老的树木没有保留下来。现在樱花道区域的湖面上，原来有200多亩的荷花池，到了每年6月，满塘盛开白色的荷花，遗憾的是没有留存下来。公园位置上原先有一棵老银杏树，考证下来属于明代万历年间的古树，当时被雷击中断裂，树干有些烧焦，一半掉在地上，而新的嫩芽已经冒出来。但有人说树形不好看，又恰好别处也有一棵银杏树可以送给我们，结果放弃了老银杏树而移种别的银杏树，但这棵银杏树移种过来后还是死了。如果这棵被击伤的老银杏树当初被全力保护好，现在一定是难得的人文景观。在公园二号门浮雕墙区域，当年有一栋明清年代的老房子，等朱纯宏得知消息赶到时，房子已经拆了一半。还有一栋农家老房子，屋后种着两棵大树，英国设计师建议保留，后来房子没保留，只留下两棵大树。当时造公园有点急，同时较多地追求新的东西，对历史陈迹照顾不够，如此种种，没有给世纪公园留下更多可以说说的故事。

这样的与时俱进的浦东建设者，倘若能代代相承，浦东开发的人文底蕴一定会愈益深厚。

2. 当浦东遇到九段沙

人如何处理和大自然的关系，人与自然和谐相生的水平，从一个侧面可以看出一个地方的社会进步程度。

上海和浦东的建设者，从一开始就十分小心地注意到大开发与自然保护的关系，他们尊重经济规律，按经济规律办事；他们更懂得遵从自然规律，心里总记得天时、地利、人和的道理。

九段沙是长江口、东海海域最新形成的还在成长中的岛屿。它位于横沙岛、长兴岛东南，东临东海，西接长江，西南、西北分别与浦东、横沙岛隔江相望，是目前上海最大的自然保护区，是上海唯一一块无人烟的大湿地。

九段沙零米线以上的面积已经达到了115平方公里，其中30多平方公里还是1985年以后形成的，且目前仍以每年10—15平方公里的速度继续增长。

站在九段沙上可见海阔、草长、天蓝蓝、水茫茫，望潮起潮落，令人心旷神怡。由于长江淡水与东海咸水交互影响，使得这里拥有了发育良好的滩涂植被和生物资源。这里有十多种自然生长的高等植物，在它的周边海域里至少还有百多种浮游植物、动物鱼类。包括具有较高经济价值的中华绒螯蟹、日本鳗鲡、银鱼、安氏白虾等。尤其是在这里生活和短暂作客的鸟类有32种之多，包括小天鹅、白鹭、鸥类等。秋去东来，一批又一批候鸟从西伯利亚等地飞临这里，它们或在此等待寒冷的冬天过去，或仅仅作短暂的补给而继续南下。

陈吉余是我国著名的河口海岸学专家，他可以算是第一个登临九段沙的科学家。1963年，陈吉余时年42岁。当他光脚踏上九段沙的滩涂，感受到的是和其他长江口沙岛不同的生命。

为了进行河口的研究，他在三甲港设立了定位站，以便定期观察。当时的九段沙还是成陆部分不多的不毛之地。

1995年，浦东机场项目启动，选址仍在江堤以内。当年陈吉余直接写信给市领导，建议借鉴纽约肯尼迪机场和东京成田机场的经验，将机场建设在海滨沼泽上。经过各方面的研究，上海市政府采纳了这个建议，但是这个方案占了候鸟飞行的通道，弄不好还会给机场运行带来飞机撞鸟的巨大风险。能否为候鸟新选一个栖息地，使得飞机和候鸟各得其所？专家们提出了一个"种青促淤引鸟"的大胆方案，九段沙成为了河口海岸学专家的首选地。

1997年，浦东机场建设和"种青促淤引鸟"工程同时启动。科学家在九段沙上进行了长期的、艰苦的、细致的科学试验，在这片自然生长的湿地上，人工插播了大量适合鸟类栖居的草苗。

几年过去了，九段沙生态工程种植区内，莺飞草长，芦苇和花草以每年127公顷的速度向外扩散。候鸟饵料增加，到了候鸟迁徙期，原栖息南岸的候鸟70%以上自动移到了种青区外缘。

生态工程又一次成就了九段沙。如今的九段沙，茂盛的植物群落组成了一道道结实的绿色屏障，挡住了波涛汹涌的海浪，留下的是随潮而来的泥沙和生物，为鳗、蟹、泥螺等鱼类、软体动物和甲壳动物创造了极好的生存环境。

大量的底栖、浮游生物的存在，又为鸟类提供了丰富的食物，使得它们不亦乐乎。

到了 2000 年 3 月，上海市人民政府正式批准设立"上海市九段沙湿地自然保护区"，并明确了由浦东新区主管，这是一片不可用于经济开发的土地，这是一片需要不断投入财力呵护的土地。

2000 年 8 月，上海市九段沙湿地自然保护区管理署成立；2002 年 8 月，九段沙启动申报国家级自然保护区程序；2003 年 1 月，浦东新区规划委员会第十七次常务会议批准《上海市九段沙自然保护区总体规划》；2003 年 5 月，上海市人民政府向国务院递交《上海市人民政府关于请求将上海市九段沙自然保护区晋升为国家级自然保护区的请示》；2003 年 12 月，《上海市九段沙湿地自然保护区管理办法》颁布施行；2004 年 7 月，上海市九段沙自然保护区联合执法网络成立……

九段沙的维护需要投入大量的人力、物力、财力，而且这是每年都要不断持续的。在讲究投入和产出的年代，一定会有人提出经济效益的问题，对九段沙如何在保护中利用的问题。

2004 年 8 月 4 日至 5 日，由浦东新区和上海市环保局共同主办的九段沙湿地保护国际研讨会，在张江集电港会展中心举行，湿地国际主席迈柯斯·菲兰逊博士、美国湿地学会主席威廉·密兹博士、中科院院士孙儒泳、工程院院士陈吉余等一大批国内外湿地保护权威专家济济一堂，两天的会议加上湿地视察，让中外专家无比兴奋和感慨。与会专家分别就"九段沙的历史演变和发展趋势"、"九段沙湿地生态系统服务功能的价值估算"、"制定湿地自然保护区开发、管理和规划的原则"等问题作了专题演讲，并结合密西西比河三角洲湿地、香港米埔及后海湾内湾湿地的管理保护实例，为九段沙保护、利用支招。专家们一致认为，湿地是所有生态系统中生态服务价值最高的类型。河口湿地由于处在大陆、海洋、江河三大生态系统的界面上，因此有很高的生物生产力。九段沙湿地在长江入海口，不仅能滞留沉积物、净化水质、加速营养循环，还能保护海岸线防止侵蚀。它对长江三角洲排入污水中的营养物质有极强的吸附作用，可减少东海海域赤潮的发生，而且随着"南水北调"工程的实施，长江入海水量将大量减少，九段沙湿地对防止海水入侵、保障上海生态安全至关重要。

九段沙已经成为了上海的生态屏障之一。

曾经有过这样的岁月，面对自然的馈赠，我们豪情满怀，壮怀激越地改造自然，过度地向海洋要土地，向森林要土地，向草原要土地，结果是水土流失，草原沙化。

在研讨会会场门口有一幅大标语格外醒目，"有多少湿地，成就多大上海"。事实也是如此，经专家测算，九段沙每年默默无闻地为上海净化7亿吨污水，是事实上的"上海之肾"。[1][2]

九段沙的确是大自然对大上海的馈赠，上海和浦东对九段沙的保护不仅具有生态学上的意义，背后折射出的是人类社会的进步。

第二节

人与人的和谐

现代社会利益多元,利益之间的冲突在所难免,要代表最广大群众的根本利益,就必须协调好每时每刻发生在社会上和群众中间的具体利益,包括群众的眼前利益和长远利益、局部利益和全局利益、这部分群众利益和那部分群众利益之间的冲突。

这是一个相当具有挑战性的时代课题。

人与人的和谐相处,需要调节好人与人之间的利益关系。在这里,我党从来以人民群众的根本利益作为自己的最高利益,决定了党在各项利益调节中具有天然的政治优势,政府作为人民的政府,在各项利益调节中具有不可推诿的责任。

1. 政府网上办公会应运而生

二十世纪八十年代在全球出现的新公共管理运动提出,现代政府应该确立公共服务型政府的理念。

在具体的工作中,政府工作人员体会到,虽然现实社会里离开政府是万万不能的,但政府也不是万能的,政府不能也不可能包打天下,群众有困难可以找政府,政府有难题也应该主动找群众商量。这种政府和群众的互动,既在实践党和政府的群众路线,同时也催生出社会的活力。

在这样的指导思想下,肇始于2004年12月,持续了三年多,共38次的区长网上办公会应运而生。

事情要从2004年说起。据人民日报记者孙小静的长篇报道,那年的12月13日,一个平常的日子,区政府的综合处副处长范远汇做了一件与平常类似的工作,将媒体上的一篇报道转发到区府办的《媒体反映》上,这篇报道说的是上海杨浦区的"区长在线"工作制度。这给了我一个启发,区长每周一次办公会,都是闭门会议,为什么不能每月也召开一次开门会议,直接面向新区市民,既主动听取市民诉求,又直接将政府对一些事关百姓的所思、所虑、所难告诉百姓,向群众讨教良策?又想到2004年是区委提出的"优化环境年",时任区委书记杜家毫代表区委在年初全会上对此提出了要求。于是我在该期简报上批示,明确每个月的最后一个星期一晚上,面向社会召开区长网上办公会,会议在线上和线下同时举行。在和办公室同事们商量方案时，我特别提出会议议题的产生源头有两个，一个是区府办根据区长们的建议拟定，还有一个是来自于社会的呼声。

这是一项新的尝试，一开始大家都没有经验，时任区府办主任陈庆善觉得会议组织工作难度不小，尤其是如何建立长效机制，会议形成的意见如何落实，并经得起社会大众的检验，心里确实没有底。事情要有人去做，而区府办又没有新增编制，只能组织一个松散型的工作班子，区府办牵头成立协调小组，办里的综合处、联络处、行政处以及信访办、新闻办、电子政务中心共同参与，没有一个专职人员，但到了会议的筹备及召开期间，每个班子人员在完成本职工作之余，又服务于会议工作。看着大家为会议的议题筛选、参会代表的选择等忙碌着，我不由得感到，这样的会议筹备对机关干部也是一个养成教育的机会，使得机关干部，尤其是大学毕业后直接进机关的年轻公务员，多一些直接面对社会、面对基层百姓的作风和能力的锻炼。

会议的选题确有难度，不是缺少议题，而是议题太多，甚至于有些杂。当时政府关注较多的是企业的经商环境如何优化，政府审批事项如何简化，芯片产业发展需要什么政策，软件产业的退税办法等，而社会大众关注的热点分散，如国际化社区如何管理，养宠物扰民如何解决，公共交通如何完善，如何加快解决就医难、买菜难……

第一次区长网上办公会的议题是关于优化企业经商环境的。

这一天新区政府一号楼五楼热闹非凡，510会议室外面的休息厅，一米五长的小长桌围成了一个圈，上面摆放着十余台电脑，十余家职能部门的工作人员坐在电脑前，紧张而有序地回答着网上的提问，而会议室里区长们和有关部门领导围坐在大会议桌上，通过网络与远在北京的北京旅游投资公司和上海贝尔阿尔卡特公司等一批外企高管，对话探讨如何切实改善政府对企业的服务。在会议总结阶段，区长们表示现场没有答复的问题，会后将进行跟踪督办，需要协调一致后方可解答的，将在三到五个工作日解答，对于相对较为复杂和政策性较强的问题，将在20个工作日内答复。此项说明让与会者看到了行政部门的信用。

而此刻在会议室外，大量来自于网上的市民提问和各种反映，短时间内一齐涌向了政府财政局、工商局、社发局等部门，全然成为了政府和市民的交流会。

首次区长网上办公会是政府命题，对象以企业为主。

第二次网上办公会办成了市民专场，如何确定议题？

区府办提前二十多天就在浦东门户网站上挂出了《关于第二次区长网上办公会议题征集的通知》，新区有关部门拟定了公共服务设施的规划、建设和管理等十个备选课题，供市民群众登录网站点击选择。两天后，办公室副主任沈立新又召集有关部门对征集工作进行再布置，紧接着又在被市民群众妙语为"飞入寻常百姓家"的新民晚报上刊发了相关信息。经统计，这次征集工作共有278人次参加，十个议题中，"加强环境整治，提高城市管理水平"得票最高，于是自然而然地成为了第二次办公会的议题。

这次办公会既有区长和市民代表面对面而坐，又有政府部门和市民群众键盘对键盘交流。市民代表为了利用有限时间反映好身边群众的意见，会前都做了充分准备，这样的准备过程，既发挥了群众中的意见领袖收集民意的作用，同时也让市民看到了政府为民谋利的真心实意。

彭加华是新区社会经济调查中心的信息员，因为曾是学校老师，虽然退休多年，但大家还是习惯叫他彭老师。彭老师是出名的热心人，在他看来，为市民百姓鼓与呼，是自己的职责，周遭的市民都乐于向他反映诉求。他没想到自己真的和新区的区长们坐在一起共谋政事。在这次会上，他亲身感受到了政府部门对待市民意见的认真态度。

会上有市民通过网络反映，杨高北路附近一条小路上垃圾堆成了小山，臭气熏天，区长要求有关职能部门当场答复解决办法，新区环保局当场表示第二天即与当地街道现场解决问题。果然，第二天120辆垃圾车、一辆铲车、一辆挖掘机到场，用了五天时间，清除了6000吨垃圾，然后有关部门再给自己工作加码，在小路的一边兴建绿化，防止垃圾再来。

在以后的多次与市民面对面的办公会上，凡是群众提出的城市管理方面的问题，新区都本着马上办的作风，雷厉风行地予以解决。

新区的区长网上办公会当然不仅仅是为市民排忧解难的平台，它还是政府和市民共谋社会治理和社会发展的重要渠道。

2007年1月的一天，住在浦东栖山路某小区的苏善良老人给区长写了一封信，令他万万没想到的就是这封信，竟然促成了他和区长面对面讨论社区规划的编制程序问题。

原来老人所住的小区，门前的栖山路被西侧的洋泾河拦腰截断，新区建设部门为民办实事，在此地建设了一座新桥。本来一件好事却引出了一个新问题，即小区门前出现了危害小区内老人小孩出行的人车混行问题。因为小区门前的小路位于大桥引桥和小区之间，而小区附近又建了一个新的住宅区，该居住区的居民大都开车出行，都从这里抄近路，人车混行，险象环生。

区里收到此信后，感觉到这件事不能就事论事，政府没有把好事办好，引出的教训是居民集中居住区周边的区域规划，是否要主动听取及如何听取居民意见的问题。于是下一次区长网上办公会的议题就有了，那就是"政府和市民如何互动，完善社区规划的程序"。

2007年2月26日，阴历是新年元月初九，第26次区长网上办公会借着新春的气息开始了。苏善良老人被请到了会场，新区发改委主任、规划局长陈建在会上坦承规划工作中的困惑：社区规划和居民的意见常有出入该如何是从？居民之间的意见莫衷一是该如何权衡？社区规划中居民的意见所占权重该如何把握？苏善良老人的发言作了回应，其中心思想是依法办事。话语不多，但新区的人大常委会副主任彭戍兰给予了充分肯定。会议上大家的意见高度一致，政府的事关民生的规划首先要依法制定，规划要充分听取市民意见，并且将此列入必经程序；市民意见不一致的，政府应该择其善者而从之；市民意见合理但与现行法规有悖的，行政部门要依法做好宣传解释工作。

这封信和网上办公会，使得新区政府看到了工作的不足和未来的努力方向，使得参会的市民代表看到了新区政府崭新的贴近民意的行政理念。

会后苏善良代表居民所提的意见也得到了解决，如今栖山路小区门前的小路一端，一道铁栅栏拦住了大半个出口，解决了人车混行的问题。

更有意义的是，以此事为发端，新区发改委制定了《社区规划的公共参与办法》。

鸡犬之声相闻，老死不相往来，这在偏僻的农村社会里或许还可以做到，但在人口密集的大都市里，人际交往想不密切都难。

城市居民养宠物的越来越多，这在文明社会里是司空见惯的俗事，然而，养宠物的人却未必都跨进了文明社会。养宠物的不当"铲屎官"，不管狗吠扰民，不愿系狗绳上街，甚至于随意弃养的现象屡见不鲜。宠物扰民的议题在市民的呼声里也上了第22次网上区长办公会。

新区的犬类管理部门——公安分局就这个难题听取社会大众的建议。来自浦兴街道的市民代表陈龙福，在会上介绍了他们创办的"爱犬沙龙"。在金桥湾清水苑小区，养狗人大多数办了准养证，问题是小区绿化带里经常有一坨坨宠物的粪便，狗主人们还以为是在肥田呢！养狗人遛狗不牵狗绳吓着了孩子等情况时有发生，居民们经常为此伤了和气。2006年，几名居民自发建立了这个"沙龙"，自己商议了会员的章程，要求每个会员做到定时定点遛狗，遛狗时要为狗戴上口罩，拴上狗绳，随身带上塑料袋和旧报纸，以便清除狗的排泄物。会员们经常一起交流文明养狗的见闻，也邀请宠物医院的医生讲授有关知识，同道中人在一起，形成了一股文明养宠物的力量。与会者在会上纷纷支招，有的说要从办证开始，宠物也要有身份证，没有的，公安机关必须收容；有的说要扶植一些宠物医院，让这些医院成为训练宠物的场合，让狗狗们不乱叫；有的说要将文明养狗的规定写入小区自治章程；更多的与会者认为管狗不如管人，只有管好了养狗人，才能解决好由养狗造成的人际关系不和谐问题。政府的想法变成了大家的共识。

网上办公会使得政府工作人员更加明白了一个道理：政令源自百姓的呼声，政令自然畅通。

区长网上办公会还是一个有事好商量的平台。

上海各区的区政府，每年都会收到不少关于马路乱设摊的投诉，新区同样如此。多少年来，马路乱设摊现象总是屡禁不绝。老百姓怨言道：政府十七八顶大盖帽，管不了一顶小草帽。

为什么会出现这种情况，其背后有什么合理性和必然性吗？当然有！有人买，就一定有人卖。为什么要在马路上设摊，因为社会有低成本就业的需求，而这种低成本就业的利益需求，又是与一部分群众对宁静环境的利益需求相矛盾的。

第32次区长网上办公会的议题就是"您如何看待马路设摊"。

会议开始，当天的主持人直截了当地抛出了这个议题请大家讨论。与会代表的发言虽然都温文尔雅，希望措辞不要太激烈，但各方的观点显然不同，免不了碰撞出火花。有的居民代表反映了马路摊贩对其居住环境的骚扰，城管队员则以数据说话，2006年一年因整治马路摊贩而发生的暴力抗法案件就达142起，导致238人次的城管队员受伤。

在城管队员口中，总是习惯性地把马路设摊称之为"乱设摊"，认为马路小摊小贩扰乱市场，影响了城市环境，应该加强整治。摊主代表成岚和孙惠玲没有就此辩解，而是轻声细语地述说了自己的家境。他们夫妇俩没有工作，有一个未成年孩子需要抚养，大的正规的市场由于摊位费等原因，他们进不去，只能在马路上设摊，做上海人喜欢的传统小吃——排骨年糕。

此次会议区府办根据我的建议，特地请来了两位居住在浦东的外籍人士，有一位外国投资者的家属发了言。她说自己喜欢上海，喜欢浦东的理由就是因为这里有小摊小贩，休息天，她就喜欢在马路摊边买自己喜欢的东西，其意义在于可以体察藏于民间的风土人情，可以感受到讨价还价的那份乐趣。末了，还来了一句，"你们千万不要把小摊小贩都弄没了"。还有一位外籍人士的家属说她喜欢浦东，因为浦东很像她家乡的小城，希望浦东的街区多一点广场音乐，有广场电影可看，总之，多一点市井气息。她没有评论摊贩的存废，实际上也点了题。

讨论热烈，一时收不了场。结果围绕这个议题又开了一次会，这一回，一位女士讲了一个故事打动了不少人的心。她是一位支边青年的子女，刚回到上海没有工作，只能马路设摊。有一次她路过一个桥洞，看到一对母女蜷缩在一起，她动了恻隐之心，给了50元钱。可是这50元钱没有被花掉，这对母女到城隍庙小商品市场买了一麻袋牙刷，到马路上卖，赚了一点钱后再去批发牙刷卖。后来这对母女有了自己的小店，她没想到50元钱解决了一对母女的长远生计。

我在会议总结时讲到，一个健康文明的社会，不是一个光靠行政手段进行格式化的社会，格式化的社会好似很规整、很干净，但是却没有社会活力，政府要加强管理，但也要给社会留出一定的自然生长的空间，马路设摊就属于这个范畴。问题是马路设摊不能无序，马路设摊不等于乱设摊。政府部门应该在马路设摊的区域、时间、设摊行为标准等方面做出规定，将马路设摊诱导到有序的轨道上来。出现了乱设摊，是政府管理上的失责，而一旦有乱设摊，就因噎废食，显露出的是政府的懒政。

2006年1月，新区社调中心启动《区长网上办公会实效和满意度》、《区长网上办公会在浦东公众中的影响力》两份调查，94.8%的受访市民认为这是政府与社会沟通的好方法，参会人员的满意率、网民的提问参与率、政府的答复率和解决率分别达到了78%、150%、100%和55%。[3]

当年，人民日报记者采访时问我，为什么要举办网上区长办公会？我回答有四个初衷。第一，这是公共服务政府的基本职能；第二，政府需要透明，民众也希望政府透明；第三，在利益多元的社会中，政府要学会寻求社会合作，有时还要寻求社会谅解，寻求社会帮助；第四，政府要让自己真正成为人民的政府，就需要了解不同社会群体的立场，必须要学会倾听各方面的声音。政府不要老是在那里说，要学会听，养成听的习惯。听明白了，听懂了，然后与当事者、利益方共同商讨成事之道。

2. 市民中心开张啦

世纪大道的尽头，原来属于川沙县的花木乡，现在是浦东新区的行政文化中心。在这片区域里，张家浜河在这里悄然流过，几条道路都以丁香、合欢等花草命名。放眼望去，四周绿草如茵，树木参天，空气清新。在那里，新区办公大楼高高耸立，世纪公园满目葱茏，陈逸飞设计的日晷壮观夺目，还有外形如蝴蝶兰的东方艺术中心，它由法国建筑师保罗·安德鲁设计。在它的南面是美国的设计公司设计的上海科技馆，科技馆由硕大球体和四层的框架结构组成，以由西向东缓缓上升的转合弧形，将球体覆盖在一万平方米的巨型翼状屋顶下。如今科技馆的新邻居上海博物馆东馆又在开工建设。

在新区政府办公大楼一侧，一直留有一块空地，原本作为行政办公地的预留，几任新区领导都小心地守护着它，没舍得用。在这个不断成长着的行政文化中心区域里,有着一流的可以和世界对话的良好自然生态和社会生态,而这些都属于这个城市的主人,即市民群众,那么在这片美好的天地之间何不再为市民新建一个市民中心呢?

时间到了2004年,新区启动了市民中心建设的调研和讨论。首先是中心功能的讨论,有的政府部门认为,和政府打交道最多的是企业,中心应是为企业办事的中心,有的部门则认为我们要建立的是一个市民中心,所以应以市民为主要对象,突出为市民服务,让市民到政府办事更便捷,让市民多一处开展活动的天地。

区委、区政府充分听取了人大、政协、市民代表和企事业单位的意见,形成了市民中心未来功能的构想,认为它应该是"两个窗口"、"六个平台",即服务政府、责任政府、法治政府的窗口,政府、市场、社会互动的窗口;同时它又是政府服务的平台,政府与社会合作的平台,市民与市民交流及社会组织与社会组织交流的平台,市民自我服务的平台,政府事务重组的平台,政府体制内自我监察的平台。

2005年,市民中心土建工程正式启动;2006年下半年,市民中心顺利竣工。

那年 10 月，新区区委、区政府举行了市民中心的开张仪式，令大家感到意外和欣喜的是上台剪彩的并非新区领导，而是四位市民代表。他们是土生土长的上海人徐民良，他代表了土著居民；新上海人彭仙兰，她代表的是到上海、到浦东创业生活的新移民；浦东新区留学生联合会副会长、大道计算机技术（上海）有限公司首席执行官赵箭，他既代表海归，也代表在新区奋斗的企业；还有一位德国人堪德雅思，他是住在浦东的外籍居民，其太太是上海人，他代表了居住在浦东的一大批在投资企业工作的外籍人士。四位市民代表，代表了在浦东生活的各方面人士，浦东区委、区政府可谓精心考虑。这一天，大家通过这个仪式再次感受到了上海这座世界大都市海纳百川的城市精神。

这座和新区行政办公大楼仅百米距离的市民中心，总用地面积 7 583 平方米，总建筑面积有 17 731 平方米，地下一层地上三层（局部五层），其外形虽然简洁方正，但出于内部功能需要，内部的空间组合复杂。入口大厅贯穿一至二层，移步进入顿感视野开阔。绿化中庭贯穿了一至三层整个市民中心的公共区域，屋顶为通透的采光天棚，坐在其间让人爽心悦目。前来办事的市民坐在能够隔空沐浴到阳光的的椅子上，心里暖洋洋，减少了等候的焦虑。在市民中心的一楼和二楼，设置了自助上网服务，市民可以利用这些设备上网检索信息、收发邮件、下载资料；同时，市民还可以利用信息查询、交流互动、网上办事的导航系统，进行个人信用、医疗账户、公积金、收费标准等的查询。中心内便民服务设施一应俱全，银行、邮局、自动取款机、打印与复印、手机充电、寄存物品、书写台、雨伞架，甚至还有老花镜。公共卫生间里设置了婴儿床，便于带孩子的市民为婴儿换尿布，这在十几年前是前卫的。服务总台配备了供残障人士使用的轮椅车，电梯上有盲文，一楼的中心导引图上也没忽略盲文，体现了新区政府一以贯之的社会公平、人文关怀的不变理念。

行政部门只是市民中心的服务者，所以在内部的办公面积一律按最小面积标准配置，尽可能将空间让给市民。行政部门的服务，取消了传统意义上的窗口，服务者和被服务者不再隔窗对话，而是面对面交谈。细心的人注意到，办事的柜台做得很低，表现出了浦东行政办事部门的谦卑。[4]

这个中心是名副其实的市民天地，为市民提供互相交往、展现自我的空间。

里面的展厅虽小，但是市民们愿意把自己的书画习作放在这里展示，寻找知音，接受同好者的评点。有的市民具有收藏的爱好，个人收藏展在此登堂入室，也是一份可以在人前夸耀的高兴事。

中心里面的市民讲堂，既有政府请来的专家学者为市民讲课，更有市民群众里的贤达人士以志愿者身份，同大家分享自己的专业知识，如收藏古董的知识和体验、钓鱼的小技巧等等。看到这样的讲堂，外籍人士也跃跃欲试，他们仿佛又找到了一种来自于故乡的熟悉的感觉，在自己的社区里刷出存在感，利用自己所长为社区居民服务，外资企业的一些外籍高管的夫人也到讲堂上教授英语。

中心刚开张的时候，中心管理方还特意举办了市民家庭多余物品的调剂活动，通知一出，众多居民纷纷响应。如今旧货商店日渐稀少，家庭里剩余物资日渐增多，很需要这样一个出口，市民将自己家中的闲置物品自行标价出售，有的则免费赠送，有的则以物易物。

这样一种其乐融融的交换活动，交换的岂止是物品，里面还蕴含着同在一个社区的亲情和认同感。

市民茶室是一个市民休闲的好去处，一个事实上的市民沙龙，也是工、青、妇、科协等群众团体活动的舞台，是社会交流的殿堂。中心里的娱乐活动室始终热门，预约登记使用的人络绎不绝，市民群众原来在马路上、在小区里、在弄堂里开展的广场舞、小众化的吹拉弹唱等，凡自以为可以登大雅之堂的都汇聚到这里"秀"上一把。

在市民服务中心的平台上，浦东行政部门各委办局是公共管理、服务的承担者，众多的群众团体和社会组织是政府的合作者。浦东区委、区政府有意将中心作为政府和社会组织合作，和市民沟通的平台。在这里，政府公开购买社会组织的服务；在这里，政府和社会组织协商有关事务；在这里，政府将社会各方递交的审批事项的流程进度进行实时发布，使得大家体会到何谓透明政府，动态地接受社会各方监督；在这里，政府将一些需要向社会征询的事项公开，大者如五年发展规划等，小一点的如发展社区商业的扶持政策等，以征求大家意见，使得党和政府的决策想法与市民群众同频共振，更能贴近民之所盼、民之所愿。

当年的记者采访市民对市民中心的感受，市民们无不交口称赞。共同的感觉是，初进市民中心犹如刘姥姥进了大观园，感觉很新奇。市民中心是市民的，也是政府的为民中心，亲民中心，爱民中心。

在浦东市民看来，它的出现提高了市民对浦东政务的知情权,强化了市民的监督权,强调了市民对政务的话语权,从而促使浦东市民的社会素质进一步得到提升,浦东的对外社会面貌有了进一步改善。

3. 可爱的浦东"洋"居民

在浦东这个国际化的大都市里,散落着一个个国际化的社区;在这些社区里居住着来自世界各地的"洋"居民。白天他们在浦东的各个角落里忙碌着,夕阳西下时,他们回到了自己其乐融融的家,享受着和中国人一样的天伦之乐。

双休日里,浦东的家乐福、沃尔玛等大型超市里经常能看到他们的身影。在浦东,这些"洋"居民出没于黑眼睛、黑头发的中国人中间,毫无一点违和感。

把浦东作为自己家的"洋"居民,生活在属于自己的社区里,并不把自己当外人,相反,其中不少人心心念念想的是在浦东生活的同时,能为自己所处的人间社会做些什么。

加拿大籍的苏珊,随着在上海做生意的丈夫做了浦东的居民,但是她不愿意只是在家相夫教子,想着的是拓展人生的意义，为浦东社会做些自己能做的事。

上世纪上海的百姓家里，都有大把的绒线针和一团团的绒线球，几乎每个家庭妇女都是编织好手，家里的女孩子不会编织的就似乎是另类。那时候妻子为丈夫、母亲为孩子、女孩为男友编织毛衣、围脖等司空见惯。

现在许多欧美国家的女性依然喜欢编织，将它作为一项手工艺引以为傲。年轻女孩还是喜欢自己亲手编织一件绒线制品给自己心爱的人，即使朋友间的礼尚往来，亲手制作的绒线织品总让人觉得更能体现真心。

苏珊拿起了绒线针，这次不是为了家庭，而是为浦东这个大社会献上爱心。她要把自己的手工制品，通过浦东的慈善超市转交给贫穷人家，或是通过浦东的慈善基金会的义卖，将善款资助生活困难者。苏珊的想法在外籍人士的女性朋友里得到了认同，越来越多的外籍女士加入了进来。于是每周总有那么两天的下午，苏珊家里的客厅里总会聚拢一些有爱心的朋友，大家边聊边织，边织边聊，午后的阳光照在她们身上，时光和着社会的爱心在她们的指尖流过，一件件温暖的绒线织品在她们的手上诞生了。

为了让更多的朋友参与进来，苏珊买来不少关于绒线编织的书籍供大家学习，以至于这些书籍在书架上随处可见。为了让大家伙的爱心尽快兑现，苏珊用了大量时间，联系能够出售这些织品的场地，而让她高兴而自得的是她总能在上海，在浦东，找到合适的地方、合适的人群购买这些织品。尤其是她注意到上海和浦东的涉外宾馆多，她每隔一段时间就联系一些宾馆，要求免费提供场地给她出售这些爱心织品，让喜欢的外籍人士购买，获得救济贫困者的善款。

浦东的慈善基金会，隔一段时间就组织苏珊她们到敬老院献爱心，当她们将自己亲手编织的围巾系到老人们脖子上的时候，当她们看到自己亲手编织的毛衣穿在老人们身上时，心里充满了喜悦，老人们倍感温暖，苏珊她们则深感慰藉。

住在浦东东方世纪花园的弗兰克，上世纪九十年代常到上海出差。那时浦东开发刚刚起步，他每次到上海，总要站在浦西外滩向对岸眺望。他看到陆家嘴边快速耸起的高楼，对浦东的未来充满了想象，对岸目光所及的浦东变化太快了！他想作为一个普通的居民来感受上海和浦东的变化，于是在征求了自己的妻子罗丝同意后，他向自己供职的单位申请了一个到中国工作的职位，夫妇两人来到了浦东，成为了浦东的居民。

很快，弗兰克夫妇成为了浦东社区志愿者，他们在所住的社区里面向老年群体教起了英语。当时 2010 年世博会就要开幕了，他们感到作为主人的浦东居民，不但要会一些日常英语，而且要了解一些西方社会的礼仪习惯。所以他们每周都有一天雷打不动地出现在浦东花木社区的文化中心的英文礼仪课堂上，耐心细致、不厌其烦地一句句教授英语。晚课后夫妇两人散步回家，边走边欣赏路边景色，感觉到自己就是一个完完全全的浦东人。

弗兰克是一个喜欢较真的人，作为浦东人，他觉得有义务向政府提建议。他到饭店就餐，常常为了菜单上那些花里胡哨的菜名感到困惑，什么宫保鸡丁、红烧狮子头、佛跳墙、夫妻肺片什么的，让人匪夷所思。他还特意找了亚洲地区的外籍人士询问此事，他们也觉得中国菜谱晦涩难懂，但是考虑到文化差异，要向西方一样写清菜名，恐怕会毁了中国菜的意味，所以他向浦东区政府提议，让餐馆向外国游客多提供一些符合西方国家的套餐，并且将这一想法写成文字刊登在新区的周报上。

沙拉来自以色列，她的父亲 1950 年出生在上海，二战时期上海接纳犹太难民的历史，让一些犹太人对上海有一份别样的情感。沙拉成为浦东居民后，她几乎每个星期都要到浦东新区的公利医院做义工,她选择帮助的对象基本上都是住院的外地来沪打工的民工。她要以自己的善举,弥补民工身边没有亲人照顾的缺憾,她希望自己的善举,能带动其他"洋"居民参与进来。

浦东开发刚过了十几年,在浦东的土地上,就产生了汤臣、联洋、仁恒、四季雅苑、香榭丽花园等一个个国际社区,国际学校、国际医院以及一个个双语标志的机构相继出现,中外居民都深切感受到浦东社会变化的速度之快出人意料。

来自美国的琳达,刚来浦东时还担心生活上不习惯,尤其是对浦东的医疗条件不放心,每次回国都要带回一些常用药品。一次发了阑尾炎,她还特意飞回美国手术。随着浦东新区政府在医院和国际化社区里开设了涉外医疗,探索了与国外保险机构合作,向外籍人士提供无需现金支付的医疗服务,浦东的仁济医院、东方医院、浦南医院等,妥善处理了金茂大厦跳伞表演事故、前亚洲小姐车祸事故、机场上的俄罗斯病人等案例,让外籍居民进一步增强了在浦东生活的归属感。[5][6]

在子女教育方面,外籍人士过去担心的是中外教育方式的差异,新区涉外教育加速度完善,随着惠灵顿国际学校、英国德威、美国协和、香港耀中、华东师大二附中和进才中学国际部等出现，大大满足了外籍人士子女就学的需求。

位于浦东陆家嘴，面朝黄浦江的仁恒滨江园，入住居民中有德国、英国、美国、法国、新加坡、澳大利亚等外籍人士，占比达到40%，外地在上海的人士和上海户籍居民各占30%。在这样一个高度国际化的社区里如何进行有效而合法的治理，如何进行居民自治，如何产生居民自治组织，这是横亘在浦东社会建设面前的一道新课题，也是会引起全国社会发展领域关注的一件大事。

按照《中华人民共和国城市居民委员会组织法》规定：居委会主任与委员都由居民选举产生；凡居住在本区年满18周岁的居民，不分民族、性别、职业、家庭出身、宗教信仰、财产状况、居住期限，都有选举权与被选举权。这样一个国籍多样、文化程度、宗教信仰等诸多要素分化的居住区里，要让居民自主选出居委会成员，实在是一个前所未有的事情，没有先例可参照，这对张玲宝这位社区工作的"老法师"而言，也是"老革命遇到了新问题"。

2002年5月，张玲宝被委以重任，到仁恒小区筹备居委会选举工作。她只能摸着石头过河，从适应环境，调查研究入手。

那年夏天的傍晚，一位法国籍女士带着爱犬在小区里溜达，迎接丈夫下班。适逢下班时分，小区里来往人群多，小狗看到有人冲着主人走过来，以为要冒犯主人，它快速从草丛里窜出，扑向正下班回家的一位美国居民，咬定他的衣裤不放。受了惊吓的这位美国人把法国太太告上法庭，要她赔偿并道歉。

张玲宝用传统的方式出面调解，但无济于事。她只得去求助通晓多国语言、在德国公司工作的吕女士，请她出面做这位美国先生的工作，结果居然成功了，法国太太向美国先生诚恳道歉，得到了原谅。法国太太从此带爱犬出门都会系上狗绳。这件事让张玲宝感到这个小区的治理有外籍人士参与的必要性，同时她也感到社区的交往性在国际化社区里同样重要，不可或缺。

于是仁恒小区经常举行各种活动，鼓励居民踊跃参加。在一系列的活动中，一些热心社区事务的人士逐渐被大家所发现。除了那位吕女士之外，杰森逐渐进入了大家的视线。他是一位洋女婿，他的太太是位北京姑娘，他本人在澳洲联邦银行任业务发展经理。巧的是和他同住的岳母，曾经是北京一个街道的民政干部。

要选出居委会委员,首先要推出居民代表,仁恒28个楼组选出了62名代表,杰森和吕女士都在其中。再过了几个月,这62名代表在仁恒羽毛球馆通过庄严的表决,产生了居委会15名候选人,然后又从中产生正式候选人9名。最后经过差额选举,选出了5名居委会委员,杰森和吕女士都被选为居委委员。当选后的杰森非常兴奋,他说道:"各位乡亲们,你们好,我非常荣幸当选仁恒滨江园的居委会委员,大家放心,我会全心全意为人民服务的。"[7]

这不标准,但能被大家听懂的普通话,居然用了很标准的我国国内的话语系统。

好的治理理念是没有国界的。

第三节

企业与社会的和谐

上世纪八十年代,世界范围内围绕着人类环境问题,掀起了可持续发展的思潮。九十年代初,浦东开发的元年,浦东开发者就清醒地意识到,经济开发区绝不是经济动物,而应建设一个全生态的系统。

当年热情造访浦东的专家学者、有识之士亲身感受到浦东开发的蓬勃气势,却都异口同声地讲到了可持续发展的理念。浦东的同志们心中也都有一幅愿景蓝图,那就是未来的浦东一定要成为经济生态、社会生态、自然生态有机和谐的地区,浦东开发的成果不是仅仅只有阿拉伯数字所能够表达的,它的更深层次的表达必须是人民的福祉和社会的进步。

为什么而出发?初心很重要!

1. 建立新型政企关系

政府是企业的服务者,就要维护公平竞争的市场环境,改善自己的服务,降低企业与政府和社会打交道的成本;而企业作为社会的一员,也理应为社会的发展和进步作出贡献。

在浦东,政府和企业是合力推进社会发展的伙伴。

浦东作为国家改革开放的高地,大量中外企业涌向浦东,到了 2007 年,浦东累计引进外资项目一万四千多个,全国各地在浦东创办的企业也有一万多家。全球 500 强企业在浦东的投资项目有了 600 多个。这些企业不仅带来了资本和技术,也带来世界先进理念。

2006 年 6 月,在新区政府的支持鼓励下,上海通用、夏普电器、华虹 NEC 等一批企业,在浦东金桥开发区成立了上海首家企业"生态俱乐部"。2007 年 4 月,英特尔产品、松下电器、惠普科技等 8 家企业,向外高桥保税区内企业发出了"承担社会责任,共建和谐社会"的倡议书,得到了区内企业的热烈响应。那年的 5 月,张江集团作为新区的区属企业揣着强烈的社会责任心,和联合国环境署、同济大学合作设立了"环境与可持续发展研究中心"。

为了浦东全生态的和谐,新世纪初,新区政府就出台了《排污企业环境诚信等级管理办法》,开始尝试为企业环境诚信"标色",并在"浦东环境网"和新闻媒体上发布,告知全社会知晓，使得先进企业增强了社会荣誉感。同时政府还大力推行企业环保诚信体系、劳动保障诚信体系等和企业社会责任相关的体系建设。[8]

现在看来这种利用社会手段因势利导，启迪企业社会责任心的做法具有现代政府的色彩。不是吗？如今大家都讲共同体意识，企业和社会是共同体，企业中的投资方、经营管理者、员工也是共同体。企业不能把员工只是看作打工者，而要把他们看作企业的主体力量，要给予足够的关爱，要保障他们的合法权益。如果做得不到位，就会在企业的产品和服务的质量上，企业的社会形象上体现出不良的后果。现在还在全球肆虐的疫情给我们上了一课，人与人是平等的，如果不给弱势群体以足够的关爱，病毒就会找到并进攻人类的薄弱环节，所以优势群体不可能独善其身，任何的私心都是对全社会的失责。

新区政府推进企业社会责任体系建设是有明确的指导思想的，那就是引导企业实现从追求股东利益最大化，转向追求股东利益和其他相关者利益平衡发展；从追求企业当前利益最大化，转向追求企业长远利益最大化和可持续发展；从追求企业自身的发展，转向追求企业与当地经济、社会、环境协调发展；从追求硬实力，转向在强化硬实力的同时，提升企业软实力。为此新区政府把着眼点放在完善公共配套政策上，建立和完善推进企业履行社会责任的工作机制、奖惩机制、信息发布机制等，以诱导企业对利益的追求导向。

2007年6月，新区和众多的企业一起，在浦东市民中心召开了第一次"新区企业社会责任体系联席会议"，提出了三年行动计划。会议提出通过三年努力，对各类诚信标准达标企业数、主动向社会报告社会责任履责情况的企业数等都作了明确，还有就是全浦东企业三年后每万元生产总值能耗降低15%。新区各社会团体、中介机构、世界500强入驻企业代表、上海的有关研究机构、各大新闻媒体负责人见证了这次会议。

2. 企业也是公民

一国的公民群体，当然要尽到社会责任，而企业作为市场主体，作为一个法人组织，就是企业公民。

一般人看来，企业就是追逐自身利益最大化的经济动物，然而换一个角度看，企业也是这个社会的一员，理应有它的应尽的社会义务和责任，其中包括企业生产不能污染自然环境，企业要与所在的社区和谐相处，企业要对自己的员工进行社会责任的教育，企业要依法保障员工的生产安全、劳动权益和福利待遇等等。因此，不少一流的企业都自觉地把自己视为企业公民。

这是企业的一种社会自觉，有社会自觉的企业多了，是这个社会的幸运，也是这个社会进步的标志之一。

现实不断告诉我们，企业的社会自觉对社会而言太重要了。当我们看到打车平台上充斥着大量没有运营资质的非法车辆时，当我们看到网购平台上不时出现假货时，当我们看到出售了大量消费卡而"跑路"的企业时，当我们看到员工辛苦了一年拿不到自己的工资时，当这些不该出现的事情反复出现时，我们深切体会到企业公民的存在及其素质的重要性。

当年在新区推进企业社会责任体系动员大会上，一批企业交流了他们的做法和思想体会，其中就有振华港机的管彤贤。那时的老管已是七十多岁的老人了，但他腰板挺直，声如洪钟，说起话来思路清晰，中气十足。我知道他还在总裁岗位上孜孜以求地奋斗着，所以开玩笑地问他："老管，您现在还爬得上高高的塔吊吗？"他毫不犹豫地说道："当然。"老管的名言之一就是，只要我还爬得上塔吊，就说明我不用退休。

上海振华港机是伴随着浦东开发应运而生的。老管在他59岁的退休前夕,毅然下海创立了振华港机。从公司的取名就可感受到老管那股子强烈的爱国情怀和社会责任。

1992年公司刚创立时仅有十几个人,是一个名不见经传的小企业。然而经过十几年努力,振华港机已经成长为一个有A、B股的上市公司,员工近三万,产品遍布49个国家和地区,产品占世界市场70%以上。在老管看来,企业的社会责任不仅体现在为社会提供合格的质优价廉的产品,还要体现在为社会培养人才,给每一位员工提供成长的阶梯。老管旗下的几万名员工,90%都在生产一线,其中不少是农民工。他们憨厚朴实,文化程度普遍较低,农忙时还要回家帮农,企业的归属感不强。老管认为人都是希望成才的,人都是可以造就的,企业应该是所大学校。老管认为对农民工不要讲大道理,要用好激励机制。"不教育培训,出不了人才","不给足工钱,留不下人"。电焊是振华最重要的生产环节,一个优秀的电焊工在厂里,每月能到手一万元,那可是十几年前的水平啊!为了增加民工的企业和社会归属感,公司在长兴岛上为民工盖了安居房,30多平方米的房子虽然不大,但里面设施一应齐全,够民工全家入住了。公司办了各种学校，有教无类，积极鼓励民工参加各种培训。由于技能和工资挂钩，大家都争先恐后地参加业余培训。公司制定了严格的规章制度，不按规程操作，即罚款处分，有不良嗜好如赌博就开除。老管的振华港机硬是把庞大的民工队伍变成了具有严明纪律和积极向上的新时代的产业工人群体。

老管认为人才是买不来的，要靠自己培养，为社会培养人才是企业的责任。振华在老管的人才理念影响下，对人才没有出身门户之见，没有学历高低之分，没有年龄大小之别，一味地鼓励大家岗位创新，只要有创新就嘉奖。2003年企业举办了科技颁奖大会，会上竟然出现了四个100万元大奖。每年的12月和7月，公司都会给员工加薪机会，加多少全看一张特别的表格，有意思的是，表格上写着老管对员工的四个要求，即"能操心，能着急，能解决问题，出手快"。员工们按照这四个要求填写自己的业绩，填完后将自己姓名一角封死，交由部门领导进行两轮打分，第一轮根据填报内容进行客观打分，第二轮才看姓名，结合此人的平素表现进行主观打分。港机还特别重视员工的外语能力，在老管看来，企业闯的是国际市场，和外国人打交道没有语言能力不行。于是企业每年组织两次外语考试，凭着考试成绩加工资600元到1 200元不等，享受两年，每个月都加。这种名为自愿的考试，极大地调动了员工的学习积极性。公司为了鼓励员工利用业余时间参加学习，举办了各种专业课程，创造条件让员工拿文凭，凡考试合格者，学费一律报销。

如此这般，给人学习的场所，给人安居的条件，给人表现的岗位，给人创新的环境，给人加薪得奖的机会，港机这个企业培养了人，也拴住了心，员工和企业共同成长。[9]

英特尔公司是一个全球企业，它有一个理念就是和所在的不同国家、不同民族的社区搞好关系，融入社区，和谐相处。公司负责人说，英特尔有一种社会责任感，企业社会责任是一个企业应有的对本地建设的行为，是对所在地的一个长期承诺的体现。企业的文化就是崇尚对不同的事物学会去接受、欣赏并兼容。企业要扬己所长为所在社区服务。企业的社会责任感不仅需要和商业活动结合起来，还要在世界各地举办各种社区活动。英特尔认为企业的员工既是企业的一员，家庭的一员，更是社会的一员，所以要特别鼓励员工以志愿者身份参加社区活动，他们代表自己，也代表企业。

在这样的理念下,英特尔每年都在社区中开展活动,利用自己的企业技术优势,促进全社会让数字技术走进家庭,走进学校,走进生活。在英特尔组织的活动中,很多家庭都是全家出动,参与诸如社区家庭网页制作培训、社区环保标志牌制作培训、体验英特尔的数字家庭、数字健身等活动。通过多年的社区耕耘,英特尔骄傲地认为自己已经是浦东社会的一分子,自己已经不是一家从天而降的外资企业,而是浦东社区中有责任感的有价值的一位重要成员。[10]

3. 让大家看到企业的社会良心

内化于心,外化于形。企业的社会责任感如何履行?企业的社会责任感之高低何以让社会所感知?

2007年,新区政府委托复旦大学课题组研究制定了企业社会责任标准的三级指标体系,在课题听证中,与会企业纷纷表示,欢迎标准出台,并且希望社会中介机构发挥沟通作用,政府明确奖惩措施。新区政府则采取了企业自愿申报、第三方机构评估、结果公示的方法,在每年达标的企业中评选出"明星企业",通过市和区的主要媒体向社会进行发布,让企业的社会良心为全社会所知晓。

在这方面,企业并不是完全被动的客体,事实上新区不少有社会自觉的企业,每年都主动地向社会递交企业的社会责任报告书,在报告书中,企业详尽地披露了本企业年度的目标、采取的相应措施、所做的努力和实际成绩。这种主动披露,体现了企业的良心自觉,让自己的所作所为接受社会的监督和评估。这一份份报告书,犹如社会进步的阶梯那样,折射出浦东社会发展的光影。

据有关媒体报道,自2007年起,浦东前瞻性地推动企业社会责任体系建设,发布了《浦东新区推进建立企业社会责任体系三年行动纲领》、《浦东新区企业社会责任导则》等一系列文件,在全国各地引起了反响,对全国的企业社会责任体系建设起到了示范作用。

2010年,新区主动向社会发布了《上海市浦东新区区域企业社会责任竞争力报告2007—2010》,系统总结了政府政策环境、企业社会责任、社会组织三方协调发展对区域竞争力的作用。这份报告在第三届企业社会责任报告国际研讨会上受到高度重视,新区也在会上获得了2010企业社会责任报告特别贡献奖。此后多年,新区企业的报告书连绵不断，形成了系列。新区政府在此基础上每年连续向社会发布浦东区域竞争力报告，这样的基于社会进步元素而发出的区域竞争力报告，在全国也起到了先发效应。

参考文献

[1] 居其明：《春天，走进九段沙》，《浦东开发》2001年第6期。

[2] 陆晨虹：《生态奇葩：九段沙》，《浦东开发》2001年第7期。

[3] 上海市浦东新区人民政府办公室：《来自网上的报告——上海市浦东新区区长网上办公会议纪实》，上海人民出版社2008年。

[4] 本刊编辑部：《走进浦东市民中心》，《浦东开发》2006年第12期。

[5] 孙晓玲、黎自立、徐网林：《洋居民拥有一颗浦东心》，《浦东开发》2006年第7期。

[6] 砂砾：《融入浦东 家的感觉》，《浦东开发》2005年第8期。

[7] 德川：《居委会出了"洋委员"》，《浦东开发》2003年第2期。

[8] 《建设和形成企业社会责任体系》，《浦东开发》2007年第8期。

[9] 浦新、李惠民：《让ZPMC矗立世界所有港口——访上海振华港机（集团）股份有限公司总裁管彤贤》，《浦东开发》2005年第12期。

[10] 寸言、孙宗明：《我们是社区中的一员——本刊记者和英特尔产品（上海）有限公司总经理的对话》，《浦东开发》2005年第8期。

后 记

2020年是浦东开发开放三十周年，以习近平同志为核心的党中央，将纪念活动定为中央级的大活动，习近平总书记亲临上海出席纪念大会，并发表了指引浦东未来发展的重要讲话。

总书记既对浦东三十年的沧桑巨变给予了充分肯定，更是对浦东未来的发展给出了目标，寄予了厚望。我注意到总书记在讲话中再次强调改革、发展必须坚持以人民为中心，提高公共服务均衡化水平，把最好的资源留给人民，坚持人民的主体地位。

作为曾经参加过浦东开发的一员，我有幸出席了大会，并聆听到了总书记的重要讲话，内心涌动着激动之情。

浦东开发，三十年弹指一挥间。我1992年底到浦东报到，在浦东大道141号门前，参加了浦东新区管委会的揭牌仪式，参加了新区社发局的筹备及初期的运作，到 1995 年中期调任离开，深知浦东开发起步之艰难，"八百壮士"砥砺前行之不易。到了 2004 年，我有幸再次由组织调动回到浦东，又在这块热土上工作了四年。

生活在这样一个能干事出活的时代，是我们这一代人最大的荣幸。

我国改革开放一开始就强调以经济建设为中心，国际上也有人误认为中国就是以 GDP 为中心。浦东三十年的沧桑巨变举世瞩目，取得了史诗般的成就，然而浦东的巨变远远不止于报表上的阿拉伯数字，浦东始终是一个经济和社会和谐相生的浦东，浦东的现实一直在向世界传播着中国的发展理念。

注重社会发展，是浦东开发的一块"胎记"。浦东开发的高度，绝不是眼前触目可见的高楼大厦，而是容易被直观忽略的思想的高度。

浦东三十年的社会发展、社会进步，在老百姓心里是一种更深切的感受，在上海乃至全国的发展轨迹中，更是浓墨重彩的一笔。作为浦东开发的参与者，应该将残存在脑子里的一些记忆追录下来。知悉既往，有利于开拓未来。

浦东开发正式吹起前进号角的时候,浦东土地上绝大部分地区还是传统的农耕社会,即使是沿黄浦江的属于老黄浦、老南市、杨浦区的城市化地区,也都是破旧的老公房,可谓是城区的边缘化地带;原属于老黄浦的崂山新村、洋泾中学一带,在居住于南京路人民广场的黄浦人眼里,就是黄浦区的"西伯利亚"。

　　短短三十年,浦东快速城市化,在外人眼里就是一个国际化的都市,其内涵包括国际化的社会事业设施,科、教、文、卫、体、民政等各项事业,都可以比肩国际先进水平;新区的居民结构发生根本性变化,来自全球五洲四海,来自祖国天南地北的投资客、创业者云集浦东,人口素质发生了根本性的变化。在浦东地面上生活的人们,其社交视野、社交方式、社交能力都是国际化的,人际关系和社会的文明程度都发生了质的转变,这些转变更能诠释浦东开发的历史意义。

　　浦东开发早期,资金饥渴,是一个召唤投资的时代,可是浦东开发者并没有饥不择食,惟利是图,而是本着惜土如金的原则,谨慎地选择项目,本着追求社会进步的目标,高起点地规划社会事业设施,走的是经济和社会协调发展的路子。

三十年过去了，浦东开发者更能感受到，资金虽然能为经济发展提供动力，但是真正能推动经济持续而健康发展的，是这个地区的社会治理能力和社会治理体系现代化的水平，其中包括了地区党组织从严治党、总揽全局、协调各方的能力，政府的行政方式，各项社会事业软硬件的水准，人口素质，自然生态和人的发展环境，公平公正的法治环境等等，也就是所谓的地区软实力。

随着一系列浦东首创的国内第一的出现，现在中央又赋予了浦东以中国社会主义现代化建设引领区的地位，这完全契合、也再次肯定了浦东自身发展的逻辑，即做改革开放的排头兵、先行者。作为引领区，在眼前必须要做但很难做的事情面前，浦东将继续做开路先锋，去啃最难啃的骨头；在需要做但没有现成经验可循的事情面前，浦东将继续做披荆斩棘的探索者；在眼前虽然未必紧迫但未来一定要做的事情面前，浦东将继续做砥砺前行的开拓者。

浦东作为国家的重点开发区，作为大上海的组成部分，具有独特的资源禀赋的区位优势。尤其是中央一直对浦东关爱有加，期许有加，始终给予支持、鞭策。最近，在总书记亲自关心和党中央决策部署下，全国人大特别授权上海市人大制定浦东新区法规，这是国家对非经济特区的第一次额外授权，这既是对改革创新中奋进的浦东的一种激励，也是对浦东关切的一种回应。

反映浦东三十年来的社会发展状况是一篇大文章，由于作者本人收集资料有限，记忆库里的内容更是残缺且片面。凭直觉，好像有很多东西可记录，但是真当提起笔，就觉得底气不足，行笔之间常有捉襟见肘之感。浦东开发的历程中，值得书写的人和事太多太多，抱歉的是这里提及到的人和事，实在是挂一漏万。

我要感谢我的老领导赵启正同志，在我从事浦东社会发展局工作时，给了我强有力的指导、支持、帮助，这次又应我的要求，拨冗为本书作序。

感谢马伊里同志应我之请，邀约了一些熟悉的年轻人，为我找到了社发局早年的动态性的简报，使我有底气得以还原浦东开发开放初期的一些实情实景。

我要感谢《浦东时报》原副总编、《浦东开发》杂志原主编谢国平同志以专业的眼光，十分仔细认真地审阅了书稿，不仅对全书的篇章结构提出了宝贵的建议，而且在书稿上作了建议修改的批注。

感谢原浦东社发局的老同事们给我鼓励，给我提供了一些他们所了解和还能记得的人和事；感谢浦东新区档案局的龙鸿彬同志赠送的《浦东开发》杂志一段时期的合订本，让我有所拾遗，能够幸福地重温那些激情燃烧的岁月，让我能在脑子里续上浦东开发的轨迹，得以知道更多浦东开发中的新故事。

浦东必将继续日新月异地发展，笔杆子仍然只是浦东后面的影子，追不上浦东社会发展的脚步。

在社会治理方面，上海"一网统管"的思路在浦东不断得到演绎，立足于早发现、早处置、追求闭环管理的浦东城市大脑日臻完善，有望成为数字上海的样本。

体现上海城市文化形象的上海图书馆东馆、上海博物馆东馆、浦东足球场等一批新项目正在紧锣密鼓地建设中。最近位于浦东新区临港的上海天文馆已经美轮美奂地傲立于滴水湖畔，吸引了全国各地的天文爱好者到此打卡。在陆家嘴，面向浦西外滩万国建筑群，与黄浦江零距离的浦东美术馆正式开馆，人们惊叹上海和浦东将陆家嘴江边最后一块宝地留给了艺术，让艺术殿堂诗意地栖居在上海的母亲河边。这座地理位置极佳，被人称之为沿江"一排一座"的美术馆的出现，犹如浦东当年将音乐厅选址在滨江岸线上一样，再次向世人展示了浦东开发开放的初衷和理念。

但愿本书只是记录浦东社会发展的一个开篇，只是起到抛砖引玉的作用，使得更多的有识之士都来关注浦东社会发展的每一个精彩画面，将其记录下来，传播开去，继续为它喝彩，为它加油鼓劲。

2021 年 8 月